Martin Veit

AF239639

Modelle und Methoden für die Bestandsauslegung in Heijunka-nivellierten Supply Chains

Wissenschaftliche Berichte des
Institutes für Fördertechnik und Logistiksysteme
des Karlsruher Instituts für Technologie
Band 74

Modelle und Methoden für die Bestandsauslegung in Heijunka-nivellierten Supply Chains

von
Martin Veit

Dissertation, Karlsruher Institut für Technologie
Fakultät für Maschinenbau, 2010
Referent: Prof. Dr.-Ing. K. Furmans
Korreferentin: Prof. Dr.-Ing. G. Lanza

Impressum

Karlsruher Institut für Technologie (KIT)
KIT Scientific Publishing
Straße am Forum 2
D-76131 Karlsruhe
www.ksp.kit.edu

KIT – Universität des Landes Baden-Württemberg und nationales
Forschungszentrum in der Helmholtz-Gemeinschaft

KIT Scientific Publishing 2010
Print on Demand

ISSN: 0171-2772
ISBN: 978-3-86644-533-8

Modelle und Methoden für die Bestandsauslegung in Heijunka-nivellierten Supply Chains

Zur Erlangung des akademischen Grades eines

Doktors der Ingenieurwissenschaften

von der Fakultät für Maschinenbau
des Karlsruher Instituts für Technologie (KIT)
genehmigte

Dissertation

von

Dipl.-Wi.-Ing. Martin B. Veit

aus Mannheim

Tag der mündlichen Prüfung: 18. Juni 2010
Hauptreferent: Prof. Dr.-Ing. K. Furmans
Korreferentin: Prof. Dr.-Ing. G. Lanza

Vorwort

Die vorliegende Arbeit entstand während meiner Tätigkeit als wissenschaftlicher Mitarbeiter am Institut für Fördertechnik und Logistiksysteme der Universität Karlsruhe (TH). Während dieser Zeit durfte ich die Einführung der nivellierten Produktionsplanung bei Unternehmen in verschiedenen Branchen begleiten. Die Erfahrungen daraus haben mir wesentlich geholfen für diese Arbeit praxisrelevante Fragestellungen zu identifizieren. Für die vertrauensvolle Zusammenarbeit möchte ich mich bei allen Industriepartnern bedanken.

Bei Herrn Prof. Dr.-Ing. Kai Furmans, Leiter des Instituts für Fördertechnik und Logistiksysteme, bedanke ich mich für die Übernahme des Hauptreferats und besonders für die Unterstützung und Förderung meiner Arbeit. Er führte mich hin zum Thema der nivellierten Produktionsplanung und bot mir große Freiheit zum selbständigen Arbeiten, wobei wir immer wieder fruchtbare Diskussionen zur Gestaltung und Modellierung schlanker Produktionssysteme führen konnten.

Frau Prof. Dr.-Ing. Gisela Lanza danke ich für die Übernahme des Korreferats, sowie Herrn Prof. Dr. rer. nat. Oliver Kraft dafür, dass er den Vorsitz der mündlichen Prüfung übernommen hat.

Den aktiven und ehemaligen Kollegen gilt mein herzlicher Dank, für die anregenden Diskussionen, die konstruktive Kritik an meiner Arbeit und die gute Atmosphäre am Institut. Besonders hervorheben möchte ich Herrn Dr. Marc Schleyer, der mir bei der zeitdiskreten Modellierung wichtige Impulse geben konnte und die Mühe auf sich genommen hat einen Großteil meiner Formeln im Detail nachzuvollziehen. Ferner möchte ich allen Freunden und Verwandten danken, die mein Manuskript korrigiert haben.

Mein tiefster persönlicher Dank gilt meinen Eltern, die mich auf meinem Weg immer unterstützt haben und meiner Lebensgefährtin Sibylle Umminger, für ihre Liebe und Zuneigung und dass Sie mich auch während der Entstehung dieser Arbeit stets ertragen hat.

Karlsruhe, Juni 2010   Martin Veit

Kurzfassung

Martin B. Veit

Modelle und Methoden für die Bestandsauslegung in Heijunka-nivellierten Supply Chains

Heijunka ist die Methode zur nivellierten Produktionsplanung und -steuerung im Toyota Produktionssystem. Die Heijunka-Nivellierung gibt eine Produktionssequenz mit Zeitfenstern für die einzelnen Produkte vor. Übersteigt die Kundennachfrage die verfügbare Kapazität in der Sequenz, wandern die Produktionsaufträge in den sogenannten „Overflow". Die Bestandsauffüllung erfolgt später, wenn die Kapazität in der Sequenz aufgrund der zwischenzeitlich gesunkenen Kundennachfrage nicht mehr voll ausgelastet ist. So entsteht der ausgleichende Effekt der Heijunka-Nivellierung.

In der Wissenschaft wurde Heijunka vorwiegend unter dem Aspekt behandelt, eine möglichst gleichmäßige Produktionssequenz zu erreichen. Die Einführung schlanker Produktionssysteme in der Praxis ist dagegen meistens mit dem Ziel von Bestandseinsparungen verbunden. Da die Auswirkungen einer schwankenden Kundennachfrage und schwankender Produktionsausbringungen auf den Bestand sehr viel größer sind als die Auswirkungen einer leicht ungleichmäßigen Produktionssequenz, besteht hier Forschungsbedarf.

In dieser Arbeit werden analytische Bestandsmodelle für die Heijunka-Nivellierung unter Berücksichtigung schwankender Nachfrage- und Produktionsprozesse entwickelt. Dabei werden Fragestellungen beantwortet, die bei der Auslegung der Nivellierung in der Industrie immer wieder auftreten. Für die Modelle werden durchgängig zeitdiskrete Methoden verwendet, die eine höhere Abbildungsgenauigkeit erlauben als zeitkontinuierliche Modelle.

Zunächst wird je ein Modell der einstufigen, Heijunka-nivellierten Produktion mit begrenztem und mit unbegrenztem Auftragsrückstand entwickelt. Mit diesen Modellen können vielfältige logistische Kennzahlen der Nivellierung berechnet werden. Untersucht wird auch, wie der Einfluss von Produktionsdurchlaufzeiten auf den physischen Bestand abgebildet werden kann. Auf dem einstufigen Bestandsmodell aufbauend, wird die Optimierung der Kanban-Anzahl und der Kapazität für den Fall stationärer Randbedingungen untersucht.

In der Praxis sind häufig mittelfristige Änderungen der Nachfrageverteilung zu beobachten, wie z. B. saisonale Nachfrageeffekte. Für die Heijunka-Nivellierung im saisonalen Fall werden daher drei Optimierungsmodelle entwickelt, die unterschiedliche Kostenstrukturen und Entscheidungsspielräume abbilden. Eine Simulationsstudie zeigt, wie die Parameteränderungen in einer Supply Chain zum Bullwhip-Effekt führen und wie der Effekt zu vermeiden ist.

Zusätzlich werden drei Bestandsmodelle für eine Heijunka-nivellierte Supply Chain bei unveränderlichen Randbedingungen beschrieben. Diese Modelle unterscheiden sich hinsichtlich des Rechenzeit- und Speicherplatzbedarfs und im Hinblick auf die Abbildungsgenauigkeit.

Anschließend werden einige der Modelle dieser Arbeit auf drei der Praxis entlehnte Beispiele angewendet. Daraus werden generelle Gestaltungshinweise für die Heijunka-Nivellierung im industriellen Umfeld abgeleitet.

Abstract

Martin B. Veit

Models and Methods for Buffer Sizing in Heijunka-Leveled Supply Chains

Heijunka is a key element for production planning and control in the Toyota Production System. In Heijunka-leveling production is limited by time windows within a stable production sequence. If the demand exceeds the production capacity, production orders are stored in an "overflow" slot. As soon as customer demand decreases and the leveling sequence is no longer fully utilized, the orders are removed from the overflow slot and are reintroduced into production to fully replenish inventories. Heijunka thus has a leveling effect.

In theory Heijunka is mostly treated under the aspect of optimizing the production sequence with respect to evenness. In practice lean production systems are typically introduced to reduce inventories. However, the evenness of the production sequence usually has a much smaller impact on inventories than varying demands or production yields.

Thereby the goal of this doctoral thesis is to develop analytical inventory models for Heijunka-leveling under varying demands and changing production yields. The models shall answer questions that regularly emerge, when parameters are being planned in industry. All of the models are developed in the discrete time domain, because it allows a higher level of detail than does modeling in the continuous time domain.

Firstly two models of a single-stage, Heijunka-leveled production system are developed: one with limited and one with unlimited backorders. By means of these models various performance indicators can be computed. Apart from that, the influence of production throughput time on physical inventories is derived. Based on the single-stage model the number of kanban and the capacity in the leveling pattern are optimized, assuming that the environment remains fundamentally unchanged.

In practice mid-term changes of the demand distribution can frequently be observed, e.g. if there are seasonal effects. Therefore three optimization models are developed for the seasonal case. The models reflect different cost structures and different sets of possible actions. A simulation study shows how parameter changes can evoke the bullwhip effect and what strategies can be taken against this effect.

Furthermore three inventory models for Heijunka-leveled Supply Chains under stable environmental conditions are described. The models differ in terms of the accuracy of the results and the calculation time and memory requirements.

Three examples from practice are used to demonstrate the application of some of the models that were developed in this thesis. Based on these examples, some general design rules for Heijunka-leveled systems in industry are derived.

Inhaltsverzeichnis

Abbildungsverzeichnis

1 Einleitung

When it is not necessary to change, it is necessary not to change.

Lucius Cary, 2nd Viscount Falkland

Produzierende Unternehmen stehen heutzutage im globalen Wettbewerb miteinander durch den Abbau von Handelsbarrieren und die modernen Möglichkeiten zum nahezu unverzögerten Informationsaustausch. Für Unternehmen in Deutschland bedeutet das einen enormen Rationalisierungsdruck, da die Lohn- und Flächenkosten in den Wachstumsregionen Osteuropas und Asiens um Größenordnungen geringer sind. Sofern kein deutlicher Technologievorsprung besteht, kann die Produktion in Deutschland nur konkurrenzfähig sein, wenn die Abläufe effizienter sind oder weil die Marktnähe genutzt wird, um zuverlässiger zu liefern und um schnell auf Marktentwicklungen reagieren zu können.

Effizient gesteuerte Supply Chains zeichnen sich dadurch aus, dass sie eine hohe Lieferfähigkeit bei zugleich niedrigen Beständen gewährleisten. Lange Zeit wollten die Unternehmen dies vor allem durch Methoden des Supply Chain Management und den Ausbau ihrer ERP-Systeme erreichen, die überwiegend auf hierarchischen, prognosegetriebenen und deterministischen Zentralplanungsverfahren beruhen. Spätestens zur Jahrtausendwende, als die Leistungsfähigkeit der Rechnersysteme die Verfahren nicht mehr einschränkte, zeigte sich, dass dieser Ansatz nicht zu den erhofften Verbesserungen führt. Der zentralen Planung stehen nicht nur praktische und grundsätzliche Umsetzungsprobleme entgegen, darüber hinaus führen die vereinfachenden Annahmen der Optimierungsverfahren in stark vernetzten Supply Chains unter stochastischen Einflüssen zu unbefriedigenden Ergebnissen.

In dieser Situation wendeten sich Unternehmen aus verschiedenen Branchen den Prinzipien des schlanken Produktionssystems nach Toyota zu. Schlanke Produktionssysteme beruhen ganz wesentlich auf einer dezentralen Steuerung, und mögliche Schwankungen werden schon bei der Auslegung antizipiert, so dass robuste, umsetzbare Pläne entstehen. Eine Reaktion auf unvorhergesehene Ereignisse wird daher erst notwendig, wenn sie eine zulässige Bandbreite verletzen und sich die Bedingungen grundsätzlich ändern. Im Zusammenspiel mit Methoden zur Standardisierung und zur Erzeugung von Transparenz werden Ursache-Wirkungs-Beziehungen erkennbar, und es wird möglich, an einer Systemverbesserung zu arbeiten.

Ein zentrales Element des Toyota Produktionssystems ist die „Heijunka" genannte Planungsmethode zur Produktionsnivellierung. Bei schwankender Kundennachfrage, aber zugleich beschränkter Maschinenflexibilität und -kapazität werden Wechselwirkungen zwischen den Produkten eingeschränkt, so dass das Produktionsverhalten besser vorhersehbar ist. Zudem werden die in der Supply Chain weitergegebenen Nachfrageschwankungen beschränkt, was dem Bullwhip-Effekt entgegenwirkt und niedrigere Bestände in der Kette ermöglicht. Das senkt die Kapitalbindung, erspart Aufwand in der Verwaltung und Handhabung und führt zu einer größeren Flexibilität der Supply Chain, ohne den Servicegrad für die Kunden einzuschränken. Die Heijunka-Nivellierung kann so wesentlich zur Effizienzsteigerung eines Produktionssystems beitragen.

1.1 Problemstellung und forschungsleitende Fragestellungen

Die Heijunka-Nivellierung ist ein System, das in der Praxis entwickelt wurde und das verschiedene Unternehmen an ihre individuellen Planungsaufgaben angepasst haben. Die Beschreibungen von Heijunka in der Literatur weichen in Nuancen voneinander ab. Daher werden nicht nur Bestandsmodelle für die Heijunka-Nivellierung entwickelt, sondern es wird darüber hinaus erläutert was unter der Heijunka-Nivellierung im Rahmen dieser Arbeit zu verstehen ist:

Fragenkomplex 1: Was ist die Heijunka-Nivellierung und wie läuft die Planung in Heijunka-nivellierten Systemen ab? Wie ist die Heijunka-Nivellierung in die Gesamtaufgabe der Produktionsplanung und -steuerung einzuordnen?

Die Planung mit Methoden des Toyota Produktionssystems ist anderen Planungsmethoden nicht grundsätzlich immer überlegen. In der Literatur gibt es eine ganze Reihe von Untersuchungen, die Vergleiche zwischen der schlanken Produktionsplanung und prognosegetriebenen Verfahren bei unterschiedlichen Randbedingungen ziehen. Um einen Eindruck zu geben, wann schlanke, dezentrale Methoden geeignet sind und wann eher nicht, soll hierzu ein Überblick über den Stand der Forschung gegeben werden, der auch von Untersuchungen im Rahmen dieser Arbeit bestätigt wird.

Fragenkomplex 2: Was sind die Vorteile einer Heijunka-nivellierten Produktionsplanung gegenüber der Planung mit MRP II? Wann ist die Anwendung von Heijunka sinnvoll und was spricht für die Anwendung alternativer Methoden?

Obgleich Bestände ein wesentliches Thema bei der Einführung der Heijunka-Nivellierung sind, gibt es bislang nur wenige Veröffentlichungen, die sich mit diesem Thema beschäftigen. Die wissenschaftliche Literatur zur Heijunka-Nivellierung konzentriert sich im Wesentlichen auf die Reihenfolgeplanung, die für die Abstimmung von Montagelinien relevant ist. Außerhalb der Automobilindustrie ist jedoch oft die Bestandsdimensionierung unter Berücksichtigung einer stochastischen Nachfrage wesentlich wichtiger als eine möglichst gleichmäßige Produktionsabfolge im Minuten- oder Stundenbereich. Da es keine wissenschaftlich fundierten Methoden zur analytischen Bestandsauslegung gibt, kann diese bisher nur mit Hilfe von aufwendigen Simulationsstudien durchgeführt werden. Statt dessen kann man auch den Betrieb mit einem voraussichtlich zu hohen Bestandsniveau beginnen und das System auf Grund von Erfahrungswerten verbessern. Allerdings ist es dann nicht möglich, das Systemverhalten vorab zu untersuchen, was einen starken Glauben an die Methodik voraussetzt, wenn man das System einführt. In dieser Arbeit sollen daher zwei Fragenblöcke beantwortet werden, die sich in diesem Zusammenhang stellen:

Fragenkomplex 3: Wie verhält sich ein Heijunka-nivelliertes System im operativen Betrieb hinsichtlich Beständen, Produktionsmengen und Liefererfüllung?

Fragenkomplex 4: Mit wie viel Bestand sollte man ein Heijunka-nivelliertes Produktionssystem auslegen bei stationären Randbedingungen? Welchen Einfluss hat dabei die reservierte Produktionskapazität auf die Kosten?

Im Vergleich zur analytischen Bestandsauslegung sind beide Alternativansätze ineffizient und können der erfolgreichen Einführung eines schlanken Produktionssystems entgegenstehen. Das gilt umso mehr, wenn die Nachfrage mittelfristigen Änderungen unterworfen ist und Parameteranpassungen regelmäßig vollzogen werden sollten. So ist in vielen Branchen außerhalb der Automobilindustrie eine saisonale Änderung der Kundennachfrage feststellbar, die mittelfristig sehr gut zu prognostizieren ist. Prognoseorientierte Verfahren passen sich dieser Veränderung systematisch an, verbrauchsorientierte Verfahren bedürfen hingegen eines Eingriffs von außen, denn bei einer unveränderten Konfiguration trotz mittelfristig veränderter Randbedingungen wären verbrauchsorientierte Verfahren ineffizient. Daraus ergeben sich folgende forschungsleitenden Fragestellungen:

Fragenkomplex 5: Wie häufig sollte ein Heijunka-nivelliertes Kanbansystem bei saisonal geprägter Nachfrage angepasst werden? Welche sind die optimalen Parameter, die bei der Anpassung im Jahresverlauf gewählt werden sollten? Wie wirkt die Parameteranpassung hinsichtlich des Bullwhip-Effekts in der Supply Chain und lässt sich der Effekt vermeiden?

Die Heijunka-Nivellierung führt im Fall eines einstufigen Produktionssystems zu mehr Transparenz, und sie kann einen kontinuierlichen Verbesserungsprozess unterstützen. In der Regel wird jedoch mehr Fertigwarenbestand gegenüber dem unnivellierten Fall benötigt, was durch die genannten Verbesserungen auf der nivellierten Stufe nur bedingt zu rechtfertigen ist. Im Fall eines mehrstufigen Produktionsprozesses mit Puffern zur Entkopplung der Prozesse kann die Heijunka-Nivellierung hingegen die Bestandssumme reduzieren, weil die Nachfragevarianz in der Kette deutlich sinkt. Eine Stufe in einer Supply Chain verhält sich jedoch anders als ein einzelnes nivelliertes System, da die Produktion nicht nur durch die Produktionskapazität und die Kundennachfragen beschränkt sein kann, sondern zusätzlich die Verfügbarkeit von Vormaterialien die Produktion einschränken kann. Die einstufigen Modelle sind daher nur bedingt geeignet zur Beschreibung einer Supply Chain, und es werden im werden im Rahmen der Arbeit Modelle entwickelt, die folgende Frage beantworten können:

Fragenkomplex 6: Wie verhält sich eine Supply Chain, in der eine Stufe, die mit den anderen Stufen über Kanban verknüpft ist, nivelliert wird?

Die Fragenkomplexe 3-6 sollen in allgemeingültiger Form beantwortet werden durch die Entwicklung analytischer Modelle, die in der Praxis auf konkrete Problemstellungen anwendbar sind. Allerdings ist es auch möglich, durch die Untersuchung von ausgewählten Praxisbeispielen Hinweise auf allgemeine Gestaltungsregeln abzuleiten. Als letztes Thema wird daher die Frage nach konkreten Auslegungsprinzipien thematisiert.

Fragenkomplex 7: Wie verhalten sich die Lagerbestände bei Heijunka-nivellierten Systemen in der Praxis? Welche allgemeinen Gestaltungsregeln für die industrielle Anwendung lassen sich daraus ableiten?

1.2 Aufbau der Arbeit

Die Arbeit beginnt mit einem Überblick über die Aufgabe der Produktionsplanung und -steuerung und den prinzipiellen Planungsansatz im Toyota Produktionssystem. Anschließend werden in Kapitel 2 mit Kanban und der Heijunka-Nivellierung die operativen Planungsverfahren des Toyota Produktionssystems beschrieben. Zum Schluss des Kapitels werden die Vor- und Nachteile der Heijunka-Nivellierung im Vergleich zur Planung mit MRP II beschrieben.

In Kapitel 3 werden zwei mathematische Modelle der Heijunka-Nivellierung hergeleitet, die ein nivelliertes Produktionssystem mit begrenztem oder mit unbegrenztem Auftragsrückstand abbilden. Es wird gezeigt, wie sich an Hand der Modelle verschiedene logistische Parameter des nivellierten Systems berechnen lassen. Ein Verfahren zur Berücksichtigung von Lieferzeiten in den Bestandsmodellen bildet den Abschluss von Kapitel 3.

Die Auslegung Heijunka-nivellierter Systeme im engeren Sinne wird in Kapitel 4 dargestellt. Zunächst werden der optimale Bestand und die optimale Kapazität für den Fall einer langfristig unveränderten Nachfrage untersucht. Danach folgen stochastische Optimierungsmodelle, die die Anpassung der Parameter an einen saisonalen Nachfrageverlauf abbilden. Anschließend wird die Auswirkung der Parameteranpassungen hinsichtlich des Bullwhip-Effekts in Supply Chains untersucht, und es werden

Verfahren vorgestellt, mit denen der Bullwhip-Effekt in nivellierten Supply Chains weitgehend zu vermeiden ist.

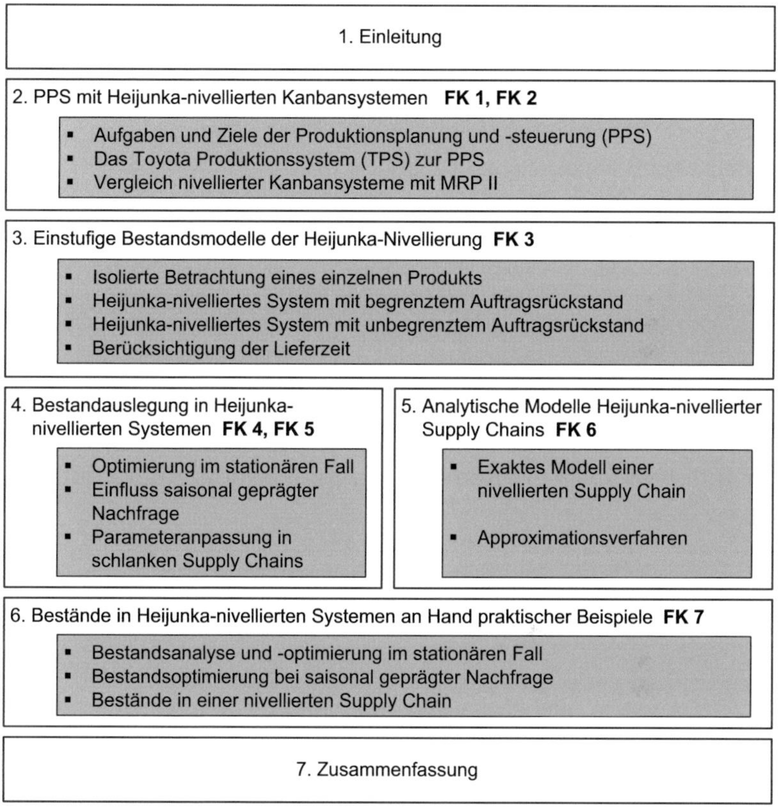

---

1. Einleitung

---

2. PPS mit Heijunka-nivellierten Kanbansystemen **FK 1, FK 2**

- Aufgaben und Ziele der Produktionsplanung und -steuerung (PPS)
- Das Toyota Produktionssystem (TPS) zur PPS
- Vergleich nivellierter Kanbansysteme mit MRP II

---

3. Einstufige Bestandsmodelle der Heijunka-Nivellierung **FK 3**

- Isolierte Betrachtung eines einzelnen Produkts
- Heijunka-nivelliertes System mit begrenztem Auftragsrückstand
- Heijunka-nivelliertes System mit unbegrenztem Auftragsrückstand
- Berücksichtigung der Lieferzeit

---

4. Bestandauslegung in Heijunka-nivellierten Systemen **FK 4, FK 5**

- Optimierung im stationären Fall
- Einfluss saisonal geprägter Nachfrage
- Parameteranpassung in schlanken Supply Chains

5. Analytische Modelle Heijunka-nivellierter Supply Chains **FK 6**

- Exaktes Modell einer nivellierten Supply Chain
- Approximationsverfahren

---

6. Bestände in Heijunka-nivellierten Systemen an Hand praktischer Beispiele **FK 7**

- Bestandsanalyse und -optimierung im stationären Fall
- Bestandsoptimierung bei saisonal geprägter Nachfrage
- Bestände in einer nivellierten Supply Chain

---

7. Zusammenfassung

Abbildung 1.1: Gang der Untersuchung mit den forschungsleitenden Fragestellungen der Kapitel.

Das Kapitel 5 beschreibt die Auswirkungen der Heijunka-Nivellierung auf die Bestände in einer Supply Chain im operativen Betrieb. Es wird ein exaktes Modell vorgestellt, das in der Anwendung allerdings auf Supply Chains mittlerer Länge beschränkt ist. Für längere Supply Chains können aus numerischen Gründen keine Lösungen bestimmt werden. Den zweiten Schwerpunkt des Kapitels 5 bilden daher zwei Approximationsverfahren, die eine Abschätzung des Supply Chain-Verhaltens erlauben. Die Verfahren unterscheiden sich hinsichtlich der Vereinfachungen, die bei den Wechselwirkungen der Produktionsstufen untereinander gemacht werden. Das führt zu erheblichen Unterschieden hinsichtlich des Rechenzeitaufwands und der Lösungsgenauigkeit.

In Kapitel 6 werden Bestände in nivellierten Produktionssystemen an konkreten, praxisnahen Beispielen analysiert. Einerseits zeigen die Beispiele, wie ausgewählte Verfahren dieser Arbeit in der Praxis anzuwenden sind, und andererseits erlauben die Beispiele Rückschlüsse auf allgemeine Gestaltungsregeln für Heijunka-nivellierte Systeme. Im ersten Abschnitt des Kapitels erfolgt die Auslegung der Nivellierung für den Fall unveränderlicher Randbedingungen am Beispiel einer Fertigung von elektronischen Komponenten des Anlagenbaus. Daran schließt sich ein Beispiel aus der Heizungstechnik-Branche an, wo starke Saisoneffekte zu beobachten sind. Im dritten System des Kapitels werden die Auswirkungen von Prozessschwankungen in einer nivellierten Supply Chain an Hand eines Beispiels untersucht, das typisch ist für eine mechanische Fertigung.

Abschließend folgt in Kapitel 7 eine Zusammenfassung des Untersuchungsablaufs und der wichtigsten Ergebnisse der Arbeit.

Den Gang der Untersuchung zeigt Abb. 1.1.

2 Produktionsplanung und -steuerung mit Heijunka-nivellierten Kanbansystemen

Alles Leben ist Problemlösen
Sir Karl R. Popper

Bevor Heijunka-nivellierte Kanbansysteme in den folgenden Kapiteln mathematisch modelliert werden, wird in Abschnitt 2.1 zunächst die Aufgabenstellung der Produktionsplanung und -steuerung erläutert, zu deren Lösung die Heijunka-Nivellierung dient.

Es folgt in Abschnitt 2.2 eine Darstellung der Entwicklung des Toyota Produktionssystems, worin die Heijunka-nivellierten Kanbansysteme ein wichtiges Element sind. Ein besonderes Augenmerk liegt dabei auf den Methoden zur Produktionsplanung und -steuerung. Zunächst werden die Abläufe in unnivellierten Kanbansystemen beschrieben und es wird ein Überblick über die umfangreiche Literatur gegeben. Daraufhin wird das prinzipielle Vorgehen erläutert, mit dem man eine Heijunka-nivellierte Produktion auslegt und wie der Betrieb abläuft.

Zum Abschluss des Kapitels wird in Abschnitt 2.3 auf das MRP II-Konzept eingegangen, mit dem die Heijunka-Nivellierung als Produktionsplanungsverfahren hauptsächlich konkurriert. Der Abschnitt umfasst sowohl eine Vorstellung des MRP II-Konzepts selbst als auch einen Abriss zu Vergleichen zwischen den Verfahren aus der Literatur. Daraus ergeben sich Anhaltspunkte, wann welches Verfahren vorzuziehen ist.

2.1 Aufgaben und Ziele der Produktionsplanung und -steuerung

Die Produktion bildet zusammen mit der Beschaffung den Bereich der betrieblichen Leistungserstellung. Der Vertrieb verwertet die erstellten Leistungen und es fließen, verknüpft durch das betriebliche Rechnungswesen, finanzielle Mittel entgegen der Materialflussrichtung. Aufgabe der Produktion ist es, menschliche Arbeit, Betriebsmittel und Werkstoffe zu kombinieren und zu transformieren, um einen bestimmten

Output zu erreichen, wobei ein gegebenes Formalziel (z. B. die Gewinnmaximierung oder Liquiditätsziele) bestmöglich erreicht werden soll (Kiener et al. 2006, S.4). Der Produktionsprozess kombiniert die Produktionsfaktoren zwar auf eindeutige Weise zur Erstellung der Verkaufsgüter, dabei gibt es jedoch einen Dispositionsspielraum, da viele Leistungen durch alternative Prozesse erstellt werden können und die Ablauforganisation gestaltbar ist. Zusätzlich müssen vor, während und nach der betrieblichen Leistungserstellung räumliche, zeitliche und mengenmäßige Überbrückungsleistungen erbracht werden, was eine Planung mit logistischem Charakter erfordert (Pfohl 2004, S.154). Gegenstand des Produktionsmanagements ist es also, Handlungsalternativen herauszuarbeiten und anschließend die Produktionsfaktoren zu wählen und festzulegen, wie die Produktionsfaktoren zu Produkten transformiert werden sollen zur bestmöglichen Erfüllung der Unternehmensziele (Kiener et al. 2006, S.11).

In einem komplexen Produktionsumfeld ist der direkte Einfluss einzelner Entscheidungen der Produktionsplanung auf die übergeordneten Unternehmensziele kaum messbar. Daher werden in der Regel abgeleitete Kennzahlen als Indikatoren zur Messung der Effizienz und Effektivität des Systems (Pfohl 2004, S.207) verwendet. Die Leistungsfähigkeit eines Produktionssystems wird vor allem an der Liefererfüllung oder der Lieferzeit gegenüber dem Kunden und an der produzierten Qualität gemessen. Die Kosten, die den Leistungen gegenüberstehen, werden vor allem durch Prozesskosten und durch Bestandskosten determiniert (Schmidt 2008, S.324). Der Zusammenhang zwischen der Kosten- und der Leistungsseite besteht im Wesentlichen darin, dass größere Kapazitäten und höhere Bestände ein größeres Leistungspotential zur Folge haben und umgekehrt. Auch zwischen den Kostenarten gibt es Wechselwirkungen. Geringe Prozesskosten durch besser ausgelastete Maschinen, führen beispielsweise zu steigenden Beständen bzw. Bestandskosten, wenn das Leistungsniveau aufrechterhalten werden soll.

In den folgenden Kapiteln werden Verfahren vorgestellt, die es erlauben, diese Zusammenhänge zwischen den Leistungs- und Kostenindikatoren bei Heijunka-nivellierten Kanbansystemen zu quantifizieren, und es werden ausgewählte Zahlenbeispiele vorgestellt, die Rückschlüsse auf generelle Gestaltungsregeln erlauben.

2.1.1 Aufgabengliederung für das Produktionsmanagement

In diesem Abschnitt werden die Aufgaben des Produktionsmanagements vorgestellt und strukturiert. An Hand dieser Gliederung soll in den folgenden Abschnitten die Planung mit Heijunka-nivellierten Kanbansystemen in den Gesamtkontext des Produktionsmanagements eingeordnet werden.

Die Planungsaufgaben im Produktionsmanagement werden in der Literatur üblicherweise nach deren Fristigkeit oder nach dem Planungsgegenstand gegliedert (vgl. z. B. Domschke et al. (1997, S.8), Lödding (2005, S.81), Schneider et al. (2005, S.14)).

	Produktionsprogrammplanung	Bereitstellungsplanung	Produktionsprozessplanung
Strategische Produktionsplanung	• Definition der Produktfelder, Produktlinien und Produkttechnologien • Programmstruktur, d. h. Breite und Tiefe des Produktionsprogramms	• Standortplanung (Produktion und Lager) • Dimensionierung und Beschaffung langlebiger Maschinen und Anlagen (inkl. Lager) • Personalentwicklungsplanung	• Definition der grundlegenden Produktionstechnologien • Wahl des Anordnungstyps der Fertigung
Taktische Produktionsplanung	• Produktentwicklungsplanung • Produktstandardisierung und Marktbezug bestimmen (insbes. Order Penetration Point & Verfahren der Auftragsfreigabe) • Entscheidung über Eigenfertigung und Fremdbezug	• Investitionen in das Leistungsvermögen der Produktiveinheiten • Auswahl der Lieferanten/Bezugsquellen, ggf. Abschließen von Rahmenverträgen • Festlegung der Bestandsauslegungsverfahren • Planung von Personalqualifizierungsmaßnahmen • Festlegung des Arbeitszeitmodells	• Planung der Verfahrensentwicklung • Innerbetriebliche Standortplanung • Fließbandstimmung und/oder Layoutplanung • Planung der mittelfristigen Arbeitsvorbereitung
Operative Produktionsplanung	• Primärbedarfsplanung (nach Menge und Zeit) • Bestellvorschau und Kapazitätsabstimmung mit Lieferanten	• Planung von Instandhaltungsmaßnahmen • Bestandsauslegung • Bestellauslösung für fremdbezogene Materialien • Personaleinsatzplanung	• Losgrößenplanung • Durchlaufterminierung
Produktionssteuerung	• Auftragsfreigabe • Auftragsüberwachung (Erfassung der Auftragsrückmeldungen nach Menge, Zeit und Qualität)	• Erfassung der tatsächlich verbrauchten Materialien • Erfassung der geleisteten Arbeitsstunden	• Maschinenbelegungsplanung (Reihenfolge, Feinterminierung) • Störungsmanagement

Tabelle 2.1: Aufgabengliederung für das Produktionsmanagement

Die Aufgabengliederung nach dem Planungsgegenstand geht international zurück auf die von der American Production and Inventory Control Society (APICS) seit den 1970er Jahren propagierte Logik des Material Requirements Planning (MRP). Davon getrieben wurde MRP die Grundlage der meisten Produktionsplanungssysteme (Mabert 2007, S.350). Im deutschsprachigen Raum geht die Aufgabengliederung nach dem Planungsgegenstand zurück auf Gutenberg (1951), der folgende Planungsbereiche identifiziert:

- Produktionsprogrammplanung
  Festlegung der zu produzierenden Produkte nach Art und Menge

- Bereitstellungsplanung
  Planung der zur Produktion benötigten Produktionsfaktoren (Produktionseinrichtungen, Arbeitskräfte und Materialien), so dass das Produktionsprogramm vollzogen werden kann

- Produktionsprozessplanung
  Planung der Produktionsreihenfolge und Terminierung der Aufträge

Diese funktionale Gliederung der Planungsaufgaben, bei der zunächst geplant wird, was zu produzieren ist, dann, mittels einer Stücklistenauflösung, die dafür notwendigen Inputfaktoren bereitgestellt werden und schließlich die Durchführung geplant wird, ist gut nachvollziehbar. In der Praxis gibt es jedoch auch Interdependenzen in die Gegenrichtung, die durch dieses Modell nur bedingt abbildbar sind. Beispielsweise ist die wirtschaftlich absetzbare Menge heutzutage in vielen Fällen wesentlich davon beeinflusst, wann produziert wird, d.h. von der Terminierung der Aufträge. Eine zu frühzeitige Produktion hat Lagerbestände und damit Kapitalbindungs- und Lagerkosten zur Folge, wodurch die Produktion unwirtschaftlich werden kann. Bei zu spät begonnener Produktion geht möglicherweise Nachfrage verloren, weil sich potentielle Käufer für ein schneller verfügbares Konkurrenzprodukt entscheiden. Eine immer zeitgerechte Produktion setzt entsprechende Kapazitäten voraus, die vorher durch die Bereitstellungsplanung geschaffen werden müssen und Kosten verursachen, was wiederum auf die wirtschaftlich absetzbare Menge wirkt.

Auf Grund dieser Abhängigkeiten ist eine Strukturierung des Produktionsmanagements nach der Fristigkeit der Aufgaben besser geeignet, um eine Planungshierarchie zu bilden. Das Produktionsmanagement insgesamt wird dabei unterteilt in die strategische, die taktische und die operative Produktionsplanung sowie die Produktionssteuerung (vgl. Tabelle 2.1). Oft bezeichnet der Begriff der Produktionsplanung und -steuerung (PPS) nur die operative Ebene des Produktionsmanagements, die sich an den längerfristigen Festlegungen orientieren muss (Kiener et al. 2006, S.13).

Die strategische Produktionsplanung muss den Vorgaben der strategischen Unternehmensplanung folgen, auf die sich die Ausrichtung des gesamten Unternehmens bezieht. Eng mit Produkt-Marktkonzept und der strategischen Absatzplanung verknüpft ist die Planung des potentiellen Produktionsprogramms. Hier werden die Produktfelder definiert, auf denen das Unternehmen aktiv sein soll, um seine Unternehmensziele zu erreichen (Domschke et al. 1997, S.9). In diesem Zusammenhang muss auch darüber entschieden werden, welche Technologien bei dem Produkt selbst und vor allem welche Technologien bei den Produktionsprozessen angewendet werden sollen. Ferner müssen auf strategischer Ebene Kapazitätspotentiale geschaffen werden durch die Planung der Anzahl, der Größe und der räumlichen Verteilung der Produktionsstandorte. Auch die Beschaffung großer Maschinen und Anlagen sowie die Wahl des Anordnungstyps der Fertigung können für ein Unternehmen strategischen Charakter haben. Entscheidend für die Produktionskapazität ist auch die Entwicklung der Mitarbeiterzahl, die nur durch langfristige Planung problemlos anzupassen ist. Nicht zuletzt ist die angestrebte Fertigungstiefe, bzw. die vertikale Integration des Unternehmens von strategischer Bedeutung.

Die taktische Produktionsplanung konkretisiert die Vorgaben der strategischen Planung. Es muss entschieden werden über das mittelfristige Produktionsprogramm, d. h. die Art und Qualität der zu produzierenden Produkte, inkl. Produktinnovationen, -variationen und ggf. -elimination. Unter anderem von dieser Produktgestaltung hängt es ab, wo der *Order Penetration Point* liegen sollte, also auf welcher Wertschöpfungsstufe der Übergang einer lagerbezogenen zu einer auftragsbezogenen Fertigung erfolgt (Schneider et al. 2005, S.7f). Eine weitere zentrale Entscheidung ist es festzulegen, ob der initiale Produktionsanstoß prognose- oder verbrauchsorientiert erfolgen soll. Es muss außerdem darüber entschieden werden, welche Produkte oder Produktteile in Eigenfertigung erstellt werden und welche fremdbezogen werden, um die angestrebte Fertigungstiefe zu erreichen. Für fremdbezogene Leistungen müssen Bezugsquellen erschlossen werden, und inbesondere bei regelmäßigen, kritischen Bedarfen sollten Rahmenverträge geschlossen werden. Für die eigenen Produktiveinheiten gilt es, die Gestaltung des Kapazitätsumfangs im Detail zu planen, inklusive möglicher Investitionen, und es muss das Technikkonzept überprüft und angepasst werden. Die operative Flexibilität der Fertigung wird ganz wesentlich durch die Mitarbeiterverfügbarkeit beeinflusst. Auf mittelfristiger Ebene ist es daher wichtig durch Fortbildungsmaßnahmen dafür zu sorgen, dass die Mitarbeiter ausreichend qualifiziert sind und durch ein geeignetes Arbeitszeitmodell sicherzustellen, dass Kapazitäten dann verfügbar sind, wenn sie benötigt werden. Ferner müssen im Rahmen der taktischen Produktionsplanung die Prozesse aufeinander abgestimmt werden. Das beinhaltet unter anderem die innerbetriebliche Standortplanung, die Layoutplanung der Prozesse selbst und die Prinzipien, nach denen die Prozesse gesteuert werden, wie z. B. Kanban, MRP oder CONWIP. Alle Festlegungen auf dieser Planungsebene haben erhebliche Auswirkungen auf das Entstehen von Beständen, daher ist es auf dieser Planungsebene notwendig, für alle Materialgruppen Bestandsauslegungsverfahren festzulegen, die den anderen Entscheidungen Rechnung tragen. Auf die Gründe der Lagerhaltung und auf Einflussfaktoren darauf wird im folgenden Abschnitt 2.1.2 genauer eingegangen.

Das Produktionssystem wird durch die strategische und taktische Planung gestaltet. Durch die operative PPS soll dieser Rahmen in mengenmäßiger und zeitlicher Hinsicht optimal genutzt werden (Kiener et al. 2006, S.143). In der operativen Produktionsplanung muss für den Planungszeitraum festgelegt werden, wie viel von welchem Produkt hergestellt werden soll. Diese Planungen müssen passen zur verfügbaren, bzw. beschaffbaren Menge an fremdbezogenen Materialien. Dazu ist eine rechtzeitige Abstimmung mit den Kapazitäten wichtiger Lieferanten notwendig. Ist die Produktionsmenge im Grunde festgelegt, werden die Aufträge terminiert, und es muss die Bereitstellung von Vormaterialien, Maschinenkapazitäten und Arbeitskraft gewährleistet werden. Dazu werden verbindliche Bestellungen bei den Lieferanten getätigt, es wird geplant, wann Maschinen gewartet werden, um die notwendige Verfügbarkeit zu erhalten und es werden Personaleinsatzpläne im Rahmen des vereinbarten Arbeitszeitmodells gemacht. Eine weitere wichtige Aufgabe der operativen Produktionsplanung ist die Festlegung der Losgrößen und die Auslegung der Bestände für Vormaterialien und Fertigware. Dies kann, in Abhängigkeit von der Planungssystematik, täglich oder in größeren, regelmäßigen Abständen erfolgen. Im Rahmen der Produktionssteuerung erfolgt die Feinterminierung und Reihenfolgeplanung der Aufträge und die Aufträge werden, abhängig vom Produktionsfortschritt, sukzessive freigegeben. Die zweite wichtige Funktion der Produktionssteuerung ist die Rückkopplung im Sinne eines Regelkreises (Schmidt 2008, S.324). Es wird gemessen, wie die geplanten Aufträge umgesetzt werden, d. h. wann die Aufträge zurückgemeldet werden, wie viel tatsächlich produziert wurde und welcher Anteil Gutteile erreicht wurde, und es wird gemessen, wie hoch der tatsächliche Ressourcenverbrauch bzgl. Arbeitszeit, Maschinenzeit und Vormaterialien war. Diese Daten sollten dazu genutzt werden Schwachstellen im Produktionssystem zu identifizieren und sie sollten Eingang in den folgenden Produktionsplan finden und somit langfristig zu einer besseren Planungsqualität führen.

2.1.2 Einfluss der Produktionsplanung auf Bestände

Bestände (oder Fehlmengen) entstehen immer dann, wenn der Verbrauch und das Wiederauffüllen eines Materials asynchron laufen. Diese Asynchronität kann einem Plan folgen, z. B. vor Werksferien oder wegen einer stark saisonal geprägten Nachfrage, dann dient der Bestand der mengenmäßigen und/oder zeitlichen Entkoppelung der Materialflüsse. Oder die Bestände haben eine Absicherungsfunktion gegen zufällige Ereignisse, wie z. B. Nachfrageschwankungen oder Maschinenstörungen (Jensen und Inderfurth 2008, S.154). Daneben gibt es weitere Gründe für einen Bestandsaufbau, wie Preisspekulationen, die in dieser Arbeit keine Rolle spielen sollen. Bestände können auf allen Wertschöpfungsstufen entstehen, sowohl für Fertigware als auch bei Zwischen- und Vorprodukten.

Aufgabe des Produktionsmanagements ist es in jedem Fall, die Bestände zu dimensionieren und zu steuern. Im Prinzip gibt es dabei zwei Einflussfaktoren auf die Bestände: die Produktion, bzw. Nachbestellungen bei Lieferanten, und den Verbrauch. Üblicherweise wird durch eine prognostizierte oder eine tatsächliche Abweichung des Sollbestands vom Istbestand die Produktionsmenge festgelegt. Diese Differenz findet Eingang in das Produktionsprogramm und in die Losgrößenplanung, die bestimmte Zeitpunkte und Mengen der Lagerzugänge zur Folge haben. Die Lagerzugänge beeinflussen jedoch nicht nur den resultierenden Istbestand, sondern auch das erforderliche Sollbestandsniveau, mithin beide Eingangsparameter der Planung. Große Losgrößen bedingen hohe mittlere Bestände und erfordern hohe Sollbestände, das System stabilisiert sich also nicht selbst. Diese Rückkopplung führt zu stark nicht-linearen Effekten und zu einer erheblichen Komplexität der Planungsaufgabe. Vor allem bei Unsicherheit über Bedarfsmengen und Produktionsstörungen, werden diese Problemstellungen daher in prognoseorientierten Ansätzen getrennt voneinander behandelt (Tempelmeier 2006, S.6). In nachfrageorientierten Ansätzen, wie den Heijunka-nivellierten Kanbansystemen, werden die Unsicherheiten dagegen explizit berücksichtigt und die Zusammenhänge der Planungsaufgaben werden transparent, so dass insgesamt wesentlich bessere Ergebnisse erreichbar sind.

Auch der Verbrauch von Fertigwaren, also der Verkauf, ist in gewissen Grenzen steuerbar, was unter anderem von Toyota bewusst eingesetzt wird, um die Produktion zu stabilisieren (Liker 2004, S.124f). Dieses Einwirken auf die Kundennachfrage, z. B. durch gezielte Verkaufsaktionen, ist nicht Teil des Produktionsmanagements, sondern es fällt in den Aufgabenbereich der Marketing- und Vertriebsabteilung nach klaren Vorgaben durch die Unternehmensleitung. Aus diesem Grund wird die Kundennachfrage im Folgenden immer als exogen vorgegebene Größe betrachtet. Der Verbrauch auf Wertschöpfungsstufen, die vom Kunden weiter entfernt sind, hängt hingegen ab vom Produktionsplan der folgenden Stufen. Daher gibt es hierbei unmittelbare Einflussmöglichkeiten der Produktionsplanung auf die Bestände, die bei der mehrstufigen Betrachtung in Kapitel 5 beleuchtet werden soll.

Die Möglichkeit, einen Bestandspuffer wiederaufzufüllen, wird begrenzt durch die Kapazität der versorgenden Produktionsprozesse mit ihren Inputfaktoren. Im vorhergehenden Abschnitt wurde ausführlich erläutert, welche Gestaltungsmöglichkeiten es im Produktionsmanagement für die Kapazitäten gibt. In den folgenden analytischen Modellen werden diese Größen als gegeben vorausgesetzt oder es werden Aussagen getroffen, wie sie dimensioniert werden sollten, das Vorgehen zur Umsetzung der Dimensionierung wird jedoch nicht mehr weiter thematisiert. Die vielfältigen, in der Literatur beschriebenen Dispositionskonzepte, nach denen Aufträge an vorgelagerte Stufen erzeugt werden, lassen sich unterteilen in programm- bzw. prognoseorientierte Verfahren und in verbrauchsorientierte Verfahren (Lödding 2005, S.131ff). Die hier vorgestellten Modelle basieren alle auf dem verbrauchsorientierten Prinzip der Kanbansteuerung, das im Abschnitt 2.2.1 ausführlich vorgestellt wird.

Grundsätzlich stehen hinter allen Verfahren der Bestandsauslegung und -steuerung Kostenabwägungen. Einerseits gibt es Kosten der Lagerhaltung, die für niedrigere Bestände sprechen, wie z. B. die Lagerungskosten im engeren Sinne, Wertverlust des Lagerguts und Kapitalbindungskosten. Demgegenüber stehen Kosten durch verlorene Nachfrage, bzw. Sonderaufwand zum Ausgleich von Fehlmengen, bestellfixe oder losbedingte Kosten, Kosten für das Vorhalten von Kapazitäten usw. (Askin und Goldberg 2002, S.31f). Sofern Kosten in den folgenden Kapiteln betrachtet werden, werden lineare Kostensätze hinterlegt. Die Ermittlung derartiger Kostensätze in der Praxis kann mit erheblichem Aufwand verbunden sein, daher wird häufig ein Mindestniveau für die Lieferfähigkeit definiert (Jensen und Inderfurth 2008, S.154). Der Zusammenhang von Kostenüberlegungen und Lieferbereitschaftsgrad wird in Kapitel 4 dargelegt.

2.2 Das Toyota Produktionssystem (TPS) zur Produktionsplanung und -steuerung

Ein Produktionssystem ist ein umfassendes Regelwerk, das sich Unternehmen geben, um festzulegen, welchen Prinzipien die Produktionsplanungsprozesse und die Produktionsprozesse selbst folgen müssen. Über alle Branchen hinweg haben produzierende Großkonzerne inzwischen ein eigenes Produktionssystem, das zumeist abgekürzt wird durch die Firmeninitialen und die Buchstaben „PS". Alle diese Produktionssysteme wurden entwickelt in Anlehnung an das erste und damit Vorbild aller Produktionssysteme: das Toyota Produktionssystem (TPS).

Das TPS wurde in der Unternehmensgeschichte von Toyota, bis heute, stetig weiterentwickelt. Erste Elemente davon werden von z. B. Liker (2004, S.16) schon in frühen Jahren von Toyota ausgemacht, als der Unternehmensgründer Sakichi Toyoda begann Webstühle zu entwickeln, die seinen Verwandten die Arbeit erleichtern sollten. Toyoda war ein Erfinder und Tüftler, der durch ständige Verbesserung seiner Maschinen zum Ziel kam. Das ist auch heute noch ein wichtiges Prinzip im TPS (*Kaizen*), genauso wie der von Toyoda erfunden Stoppmechanismus, falls beim Weben ein Faden reißt (*Jidoka*).

Einen ersten Bezug zur Massenproduktion im Sinne Fords, bekam Toyota in den dreißiger Jahren des 20. Jahrhunderts, als die Produktion erster, noch sehr einfacher Autos begann. Im Zuge dessen besuchten Ingenieure von Toyota die USA und griffen Ideen des Taylorismus auf, wobei der Markt in Japan bei gleicher Variantenvielfalt wesentlich kleiner war, so dass man nicht einfach die Methoden kopieren konnte. Bald darauf setzte der Zweite Weltkrieg ein, an dessen Ende die japanische Industrie weitgehend zerstört war. Um dennoch produzieren zu können, musste Toyota einen Weg finden, mit einem Minimum an Kapital und Ressourcen etliche Varianten effizient in geringer Stückzahl zu bauen (Ohno 1988, S.11).

Während Ford und GM weiterhin in großen Losen fertigten und Effizienzgewinne durch maschinelle Unterstützung in der Planung (v.a. MRP) suchten, musste Toyota in der Produktion für Flexibilität sorgen und einen steten Fluss der Materialien ohne Lagerzeiten erzeugen (Liker 2004, S.19-23). Es reichte nicht, die bekannten Prozesse ein wenig zu verbessern und anzupassen, sondern Toyota musste viele der bislang in der Massenproduktion gültigen Randbedingungen, wie zum Beispiel lange Rüstzeiten, überwinden und grundsätzlich neue Strukturen schaffen. Bei der Gestaltung des Produktionssystems mussten die Toyota-Ingenieure zunächst völlig auf die Fortschritte in der Datenverarbeitung und der mathematischen Optimierung verzichten, weil die Computer der damaligen Zeit vorwiegend in den USA entwickelt wurden und mangels Speicher nur das lateinische ASCII-Zeichenformat, jedoch keine japanischen Schriftzeichen, kannten. Somit war der Einsatz im industriellen Umfeld in Japan lange Zeit unüblich (Hopp und Spearman 2004, S.134). Dieses Vorgehen, Strukturen zu schaffen, die es erlauben, bessere Lösungen zu erzielen und die das Finden guter Lösungen vereinfachen, ist auch heute ein Abgrenzungskriterium des „schlanken" Ansatzes vom klassischen Optimierungsansatz, der nach der bestmöglichen Lösung unter Berücksichtigung der gegebenen Randbedingungen sucht.

Aus diesem jahrzehntelangen Prozess, der in den 1950er Jahren begann, ist das TPS in seiner heutigen Form entstanden. Es entstand ein Satz von Methoden, der die Grundprinzipien von Toyota umsetzt (Liker 2004, S.27). Wegen der in Abschnitt 2.1.1 beschriebenen Anzahl der Planungsaufgaben und deren gegenseitigen Abhängigkeiten sind die langfristig angelegten, prinzipiellen Vorgaben - oft als „Philosophie" bezeichnet - wichtig für die Ausrichtung der Prozesse. Die Wirkmechanismen der einzelnen Methoden des TPS sind nachweisbar und systemtheoretisch erklärbar (Furmans 2005, S.8), vor allem durch das Prinzip der Varianzreduktion und -beherrschung. Denn bei kontinuierlichen, getakteten Prozessen sind die Bestände minimal. Gerade die in den folgenden Kapiteln ausführlich betrachtete Heijunka-Nivellierung ist hierfür ganz zentral im TPS, aber erst die Superposition der einzelnen Bausteine und die Ausrichtung des gesamten Unternehmens an Prinzipien wie Transparenz, Standards oder der Verstetigung des Materialflusses kann zu den von Toyota bekannten Verbesserungen um Größenordnungen führen.

So hat die punktuelle Einführung einzelner Methoden, wie manche Firmen es betrieben haben, zu Enttäuschungen in Bezug auf das TPS geführt (Liker 2004, S.13). Viele der Methoden Toyotas sind leicht zu verstehen, und es besteht oft die Hoffnung, dass z. B. die Einführung von Kanban gemäß Lehrbuch zu deutlichen Bestandseinsparungen bei gleichen oder besseren Leistungskennzahlen führt. Allerdings erfordert die tatsächliche Umsetzung und die Anpassung auf die Gegebenheiten langfristige Anstrengungen und ein tiefes Verständnis für die Mechanismen, wie Hopp und Spearman (2000, S.178f) schreiben. Die Darstellung der mathematischen Modelle im vorliegenden Buch sollen einen Beitrag leisten zum Verständnis von Heijunkanivellierten Kanbansystemen.

In Abbildung 2.1 wird erkennbar, wie vielschichtig die Produktionsplanung im TPS angelegt ist. Kanban, worauf das TPS häufig reduziert wird (z. B. in Schneider et al. (2005, S.93)), ist nur ein Element darin, wenngleich ein wichtiges auf operativer Ebene. Grundsätzlich ist die Planung hierarchisch nach der Fristigkeit der Planungsaufgabe gegliedert. Diese Gliederung ähnelt dem in Abschnitt 2.1.1 vorgestellten Ansatz, und wesentliche der dort genannten Planungsaufgaben lassen sich in dieser Darstellung von (Shingo 1989) wiederfinden.

Mit dem Verweis darauf, dass alle Methoden der operativen PPS nur dann ihre volle Wirkung entfalten können, wenn sie Teil eines stringenten Gesamtansatzes sind, wird in den folgenden Kapiteln die Konzentration auf eines der operativen TPS-Grundprinzipien gerichtet: die Heijunka-Nivellierung. Da die Heijunka-Nivellierung

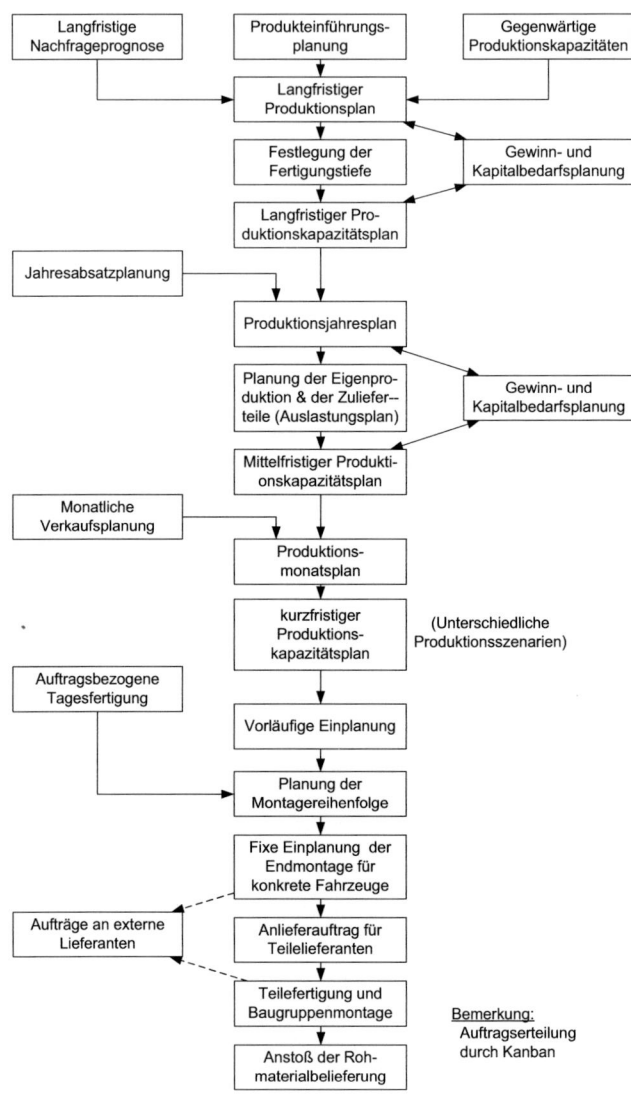

Abbildung 2.1: Produktionsplanung im Toyota Produktionssystem nach Shingo 1989, S.89.

in ihrer Grundform immer in Verbindung mit Kanban eingesetzt wird, wird vorab diese Methode kurz beschrieben.

2.2.1 Kanban als Form der verbrauchsorientierten Materialflusssteuerung

Kanban ist wohl die bekannteste und in der industriellen Praxis am weitesten verbreitete Methode im TPS. Sie wurde von Taiichi Ohno im Jahr 1953 bei Toyota entwickelt und 1963 erstmals auch mit externen Lieferanten praktiziert (Ohno 1988, S.28 u. S.32). Seitdem ist Kanban ein Kernprinzip des TPS, das eine dezentrale, verbrauchsorientierte Auftragsfreigabe realisiert. Wie Shingo (1989, S.167) und Askin und Goldberg (2002, S.225) betonen, ist Kanban jedoch nicht der „Just in Time"-Ansatz selbst oder gar das TPS, als das es vielfach missverstanden wird (z.B. in (Schneider et al. 2005, S.93)), sondern eben nur ein Element darin.

Der japanische Begriff *Kanban* wird üblicherweise mit Karte, Zeichen übersetzt. Unterscheiden muss man zwischen der Karte selbst und Kanban als System (Shingo 1989, S.179). Die Karte ist ein Informationsträger, der zumindest das betreffende Produkt und die Menge, z.B. in einem Behälter, eindeutig bezeichnet. Produkte dürfen daher in Kanbansystemen immer nur in Verbindung mit einer Karte vorkommen. Toyota unterscheidet zwei Arten von Karten: Produktions- und Transportkanban. Produktionskanban zirkulieren immer zwischen dem Ausgangspuffer einer Maschine und der Maschine selbst und dienen der Auftragserteilung, d.h. die Karten legen fest, was und wieviel zu produzieren ist. Ist die Entfernung vom Verbraucher zur versorgenden Maschine groß, kommen zusätzlich Transportkanban zum Einsatz (Hopp und Spearman 2000, S.164). Transportkanban tragen neben der Produktidentifikation vor allem die Information von wo nach wo der Transport erfolgen soll. Gerade in diesem Fall bietet es sich an, die physischen Karten durch einen elektronischen Impuls zu ersetzen, der die Funktion sowohl des Produktions- als auch des Transportkanban erfüllen kann (Askin und Goldberg 2002, S.225).

Kanbansysteme basieren auf dem sogenannten Supermarktprinzip, bei dem jeder Artikel, wie in einem Supermarkt, an einem festen Ort, mit einer definierten Maximalmenge zur Entnahme bereitsteht. Die maximale Lagermenge eines Artikels wird begrenzt durch die Kanbanzahl und die jeweilige Behälterfüllmenge. Je nach Anwendungsfall, gibt es verschiedene Gestaltungsmöglichkeiten für Kanbansysteme. Einen guten Überblick dazu bietet Krieg (2005, S.3-13). An dieser Stelle soll ein Zweikartensystem beschrieben werden, wie es Shingo (1989, S.182f) skizziert. Der in Abbildung 2.2 dargestellte Prozess beginnt mit dem Eintreffen einer Kundenbestellung, die aus dem Fertigwarensupermarkt beliefert wird. Sofern durch die Bestellung ein neuer Behälter angebrochen oder ganz entnommen werden muss, wird der Kanban vom Behälter entfernt und in einer Sammelstation abgegeben. In festen Zyklen wird der Sammelbehälter geleert und die Karten werden zum Ausgangspuffer der letzten Produktionsstufe geleitet. Sobald der Transportkanban dort ankommt, wird ein Behälter mit dem angeforderten Artikel entnommen, der daran befestigte

Produktionskanban entfernt und durch den Transportkanban ersetzt. Der Behälter wird als Nachschub zum Fertigwarensupermarkt gebracht und der Produktionskanban wird als Produktionsauftrag an die versorgende Maschine geschickt. Sobald die entsprechende Menge nachproduziert ist, wird der Produktionskanban wieder damit verknüpft und in den Ausgangspuffer der Maschine gebracht.

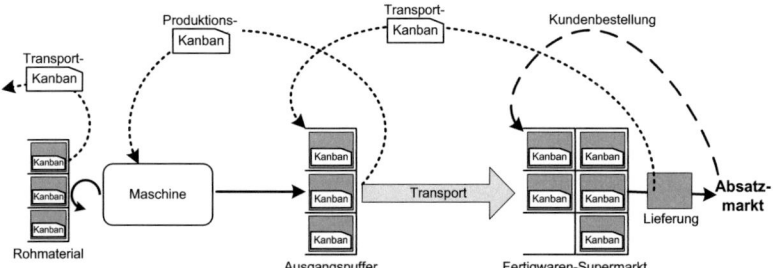

Abbildung 2.2: Abläufe in einem Zweikarten-Kanbansystem.

Durch diese einfachen Regeln kann ein Kanbansystem nicht nur leicht implementiert werden, sondern es entsteht auch ein hohes Maß an Transparenz, so dass der Prozess gut regelbar wird (Askin und Goldberg 2002, S.225). Die Begrenzung des Bestands durch die Kanban begrenzt auch die Anzahl der möglichen Systemzustände und reduziert so die Prozessvariabilität. Generell kann eine Reduzierung der Variabilität große Ergebnisverbesserungen zeitigen (Furmans 2007, S.188), und auch im Fall von Kanban ist das ein wesentliches Wirkprinzip.

Allerdings gibt es auch gewisse Voraussetzungen, die für eine erfolgreiche Anwendung von Kanban erfüllt sein müssen. Der Einsatz von Kanban ist nur sinnvoll, wenn Fertigungsabläufe wiederholt ablaufen, aber zugleich eine kontinuierliche Fließfertigung nicht möglich ist. Die kontinuierliche Fließfertigung ist Kanban generell vorzuziehen, weil Kanban einen Bestandspuffer erfordert, der in der ununterbrochenen Fertigung nicht anfällt (Rother und Shook 2004, S.45). Gemäß Shingo (1989, S.187) ist Kanban zudem nur einsetzbar, wenn die Nachfrageschwankungen weniger als 30% der mittleren Nachfrage betragen, solange das System ohne Konfigurationsänderungen betrieben wird. Die mittlere Nachfrage sollte zudem prognostizierbar sein (Shingo 1989, S.189), wobei fraglich ist, ob andere Systeme als Kanban bei völliger Unkenntnis über die Zukunft besser abschneiden. Der Betrieb von Kanbansystemen setzt außerdem Verständnis, Akzeptanz und Disziplin bei den Mitarbeitern voraus, sonst können beispielsweise verlegte Kanban schnell zu einem Zusammenbruch der Systeme führen. Langfristig ist diese strikte Regelbefolgung durch die Mitarbeiter nur zu erreichen, wenn auch die Führungskräfte dies konsequent einfordern.

Kanbansysteme sind nicht nur in der industriellen Praxis weit verbreitet, sondern sie wurden auch in der wissenschaftlichen Literatur ausführlich analysiert. Einen Überblick über die umfangreiche Kanban-Literatur findet man bei Berkley (1992) oder aktueller in Krieg (2005) und besonders ausführlich von Kumar und Panneerselvam (2007). Besondere Aufmerksamkeit richtete sich auf das Kanban-Prinzip nach Berichten zu empirischen Untersuchungen des TPS. Frühe und sehr einflussreiche Veröffentlichungen waren hier die Bücher der Japaner Ohno (1988) und Shingo (1989), sowie das Buch der MIT-Wissenschaftler Womack, Jones und Ross (1990).

Veröffentlichungen auf Grund von analytischen Verfahren oder basierend auf Simulationsstudien hatten zum Ziel, Leistungskennzahlen zu ermitteln und die Parameter der Kanbankreisläufe richtig auszulegen, unter unterschiedlichen Randbedingungen. Außerdem wurden weitere Varianten der zeichenbasierten, auftragsorientierten Materialflusssteuerung entwickelt.

Die klassische Toyota-Formel von Sugimori et al. (1977) zur Bestimmung der Kanban-Anzahl, ist allein abhängig vom mittleren Bedarf, der Lieferzeit und einem Sicherheitsfaktor. Einer wissenschaftlichen Untersuchung hält sie nicht stand, da das tatsächliche Ausmaß der Nachfrageschwankungen völlig unberücksichtigt bleibt und vor allem die Lieferzeit nicht ganz unabhängig von der Kanban-Anzahl ist. Berkley (1991) untersucht einstufige Einkartensysteme. Eine Lösung für ein Zweikartensystem zwischen zwei benachbarten Arbeitsstationen haben Wang und Wang (1991) mit einer zeitkontinuierlichen Markovkette bestimmt. Die darin getroffene Annahme, dass die Kapazitäten und Nachfragen beider Stationen unabhängig voneinander seien, beschränkt die Lösungsgüte allerdings. Für eine mehrstufige Kette von Kanbansystem in Serie haben Deleersnyder et al. (1989) eine zeitdiskrete Markovkette vorgeschlagen, die jedoch aus Dimensionalitätsgründen schnell unlösbar wird. Mitra und Mitrani (1991) umgehen das Problem, indem sie einen Dekompositionsansatz wählen, um ein mehrstufiges Zweikartensystem mit exponentialverteilten Bedienzeiten zu modellieren. Einen Modellierungsansatz für Maschinen mit phasenverteilter Bedienzeit und poissonverteilten Ankünften, entwickelten Di Mascolo et al. (1996), die zur Beschreibung ein Bediennetzwerk mit Synchronisationsstationen verwenden. Ein mehrstufiges System wird in Teilsysteme dekomponiert und mit einer Produktformlösung isoliert behandelt. Dieser Ansatz wurde später für eine bessere Lösungseffizienz und generellere Systeme durch Baynat et al. (2001) weiterentwickelt.

Wichtige Variationen des Kanbansystems sind das *Constant Work in Process-System* (CONWIP) (Hopp und Spearman 2000, S.349), das *Extended Kanban Control System* (EKCS) (Dallery und Liberopoulos 2000) und das *Generalized Kanban Control System* (GKCS) (Buzacott 1989). Diese Methoden unterscheiden sich vom klassischen Kanban vor allem durch die Informationsweitergabe in mehrstufigen Systemen. Im Fall von CONWIP werden die Karten direkt aus dem Ausgangspuffer an der Stelle in die Kette eingesteuert, die am weitesten vom Kunden entfernt ist. Dazwischen werden die Produkte nach dem Pushprinzip weitergegeben. Beim GKCS und beim EKCS werden die Kanban als Auftragsfreigabe und die Nachfrageinformation getrennt voneinander weitergegeben. Damit kann man nicht nur die Kanbanzahl auf jeder Stufe einstellen, sondern als zweiten Parameter zusätzlich den Grundbestand der Stufe. Sind Grundbestand und Kanbanzahl auf jeder Stufe gleich, entsprechen EKCS und GKCS dem klassischen Kanbansystem, anderenfalls können die ausgefeilteren EKCS und GKCS Leistungsvorteile gegenüber dem klassischen Kanbansystem haben. Die steigende Komplexität und die geringere Transparenz haben dazu geführt, dass diese Systeme in der Praxis wenig Verbreitung gefunden haben, daher werden sie im Folgenden nicht mehr betrachtet.

2.2.2 Produktionsplanung und -steuerung mit der Heijunka-Nivellierung

Deutlich weniger Beachtung in Wissenschaft und Praxis als Kanban findet die, *Heijunka*[1] genannte, nivellierte Produktionsplanung, obgleich sie ein Grundprinzip des TPS ist (Liker 2004, S.113). Wenn Nachfragen schwanken und mehrere Produkte auf einer Maschine zu produzieren sind, ist Kanban allein unzureichend. Es bedarf hoher Bestände an Vorprodukten, und Mitarbeiter und Maschine müssen so flexibel sein wie die Kundennachfrage, was bei vielen Produktionsprozessen schon technisch unmöglich ist. Außerdem kann das Kanbansystem nicht zu einer Entscheidung über die Produktionsreihenfolge beitragen.

Toyota hat daher die Heijunka-Nivellierung entwickelt, als integriertes System zur operativen Produktionsplanung und -steuerung. Damit ließen sich nicht nur stochastisch schwankende Nachfragen beherrschen, sondern auch die rapide steigende Variantenvielfalt der japanischen Nachkriegswirtschaft konnte bewältigt werden (Ohno 1988, S.12).

Wie schon in Abschnitt 2.2 für die Methoden des TPS generell beschrieben, hat auch die Heijunka-Nivellierung nicht das Ziel einer Optimierung. Im Zuge dieser Planung werden maximale Losgrößen, die Produktionsreihenfolge und Produktionstermine, die tatsächlichen Produktionsmengen und die Bestände gemeinsam geplant, statt die Teilprobleme isoliert und hierarchisch aufeinander aufbauend zu optimieren, wie es in der MRP-Planung gemeinhin praktiziert wird (s. Abschn. 2.3). Damit werden die Zusammenhänge der Planungsaufgaben transparent, so dass in der Gesamtsicht zwar suboptimale, aber dennoch sehr viel bessere Ergebnisse möglich sind als durch die hierarchische, partielle Optimierung. Neben der Planungsfunktion trägt die Heijunka-Nivellierung ganz wesentlich zum Produktions-Controlling im TPS bei. Einerseits entstehen Pläne, die robust und grundsätzlich erfüllbar sind, so dass am Grad der Planerfüllung die Produktion tatsächlich bewertet werden kann und Abweichungen vom Plan zur Identifikation der aktuell wesentlichen Probleme beitragen. Andererseits kann das Heijunka-System den Umsetzungsfortschritt des Produktionsplans sehr gut visualisieren, so dass regelnde Eingriffe früher möglich werden. Diese Verkürzung der Regelstrecke führt zu einer verbesserten Systemstabilität.

---

[1]Die übliche Transkription in der TPS-Literatur für die Kanji-Zeichen 平準. Übersetzt bedeuten die Zeichen nichts anderes als Nivellieren (www.wadoku.de) bzw. Nivellierungsregeln (www.mandarintools.com). Entsprechend der Verwendung in der deutsch- und englischsprachigen Literatur, ist in diesem Text mit „Heijunka" allerdings ausschließlich die Nivellierung nach dem Prinzip Toyotas gemeint.

In der wissenschaftlichen Literatur werden unter dem Begriff *Heijunka* zumeist nur Teilaspekte des Nivellierungssystems von Toyota beschrieben. Eine wesentliche Forschungsrichtung beschäftigt sich mit dem Thema der Sequenzierung (Miltenburg 2007), um ein möglichst gleichmäßiges Produktionsprogramm zu erzielen, andere Autoren verstehen unter Heijunka-nivellierter Produktion vor allem das Streben nach minimalen Rüstzeiten und Fertigungslosen (Slack et al. 2004, S.535). Die Auswirkungen der Heijunka-Nivellierung auf die Bestände wurden bisher kaum untersucht, erste Ansätze finden sich z. B. bei Lippolt und Furmans (2008). Dabei ist gerade die Bestandsreduktion in vielen Firmen ein zentrales Ziel für die Einführung eines schlanken Produktionssystems, da Bestände ein guter Kostenindikator sein können (vgl. Abschn. 2.1.2). Eine umfassende, aber stark vereinfachende Beschreibung aus der Perspektive des Anwenders bietet Smalley (2004). In der vorliegenden Arbeit sollen daher die bestandsbezogenen Mechanismen der Heijunka-Nivellierung für in der Praxis häufig anzutreffende Problemstellungen erstmalig untersucht werden. Zum Verständnis des Gesamtsystems wird im Rest dieses Abschnitts der Gesamtablauf der Heijunka-nivellierten Produktionsplanung beschrieben und eine Einordnung in den Stand der Forschung vorgenommen.

Bei der Heijunka-Nivellierung sind grundsätzlich zwei Planungsphasen zu differenzieren:

1. **Auslegung** des Systems in regelmäßigen, mittelfristigen Intervallen aufgrund des aktuellen Systemzustands, aufgrund von Erfahrungen im letzten Auslegungszyklus und aufgrund der Prognosen für das kommende Intervall

2. Tägliche Planung im operativen Betrieb, bei dem durch das Stecken der Kanban festgelegt wird, was tatsächlich zu tun ist.

Die Ergebnisse beider Planungsphasen spiegeln sich in einem Steckbrett für die Produktionsaufträge, dem sogenannten Heijunka-Board, wider. Die Planung muss immer am Engpass ausgerichtet werden, die beplante Stufe kann aber auch eine andere als der Engpass sein. Entscheidend ist, dass die Durchlaufzeit nach der Stufe, für die der Plan gilt, deterministisch und kürzer als die geforderte Liefer- bzw. Wiederauffüllzeit ist.

Nachdem dieser Schrittmacherprozess identifiziert ist, sollte der erste Schritt einer Auslegung schlanker Produktionssysteme immer die Berechnung des Kundentakts sein (Miltenburg 2007):

$$\hat{T}_i = \frac{\text{verfügbare Produktionszeit}}{\text{Nachfrage nach Produkt } i}. \tag{2.1}$$

Im Durchschnitt muss genau in diesem Takt produziert werden. Um Leistungsreserven für Störungen zu haben oder weil in Losen gefertigt wird, muss aber die Zykluszeit T_i, mit der das Produkt tatsächlich produziert wird, kleiner sein als $\hat{T}_i$. Ziel einer JIT-Produktion ist es, das System so zu gestalten, dass man möglichst nahe einem Zustand kommt, in dem $T_i = \hat{T}_i$ sein kann.

Die weitere Planung verläuft nicht streng linear, sondern abhängig vom Planungsergebnis kann ein iteratives Vorgehen sinnvoll sein. Zunächst muss eine geeignete

Basisperiode, EPEI (Every Part Every Intervall) genannt, bestimmt werden. Bei der EPEI-Planung plant man, wie groß der Abstand zweier Losauflagezeitpunkte eines Produkts ist und wieviel maximal in einem Zyklus produziert werden soll. Innerhalb dieses Zeitintervalls muss es möglich sein, die durchschnittlich benötigte Menge zu produzieren, inklusive eines gewissen Kapazitätspuffers, unter Berücksichtigung von Ausschuss, Rüstzeiten und Störzeiten und unter Berücksichtigung der notwendigen Kapazitäten für die anderen Produkte. Die EPEI-Bestimmung ist keine Optimierung im mathematischen Sinne und anders als vielfach angenommen, hat sie auch nicht zum Ziel, beliebig oft zu rüsten, sondern die verfügbare Arbeits- und Maschinenzeit soll zunächst einmal nur voll genutzt werden, ohne dass Mehrkosten entstehen. Allerdings wird bei der EPEI-Berechnung transparent, welche Rüstzeiten besonders relevant sind, um zu kleineren Losen zu kommen, so dass zielgerichtet an der Verbesserung dieser Rüstvorgänge gearbeitet werden kann.

Toyotas Ingenieure haben aufgrund praktischer Erfahrung diesen Ansatz entwickelt, in Auflageintervallen zu planen statt in Losgrößen. Maxwell und Muckstadt (1985) und Jackson et al. (1988) konnten zeigen, dass dieser Ansatz auch aus wissenschaftlicher Sicht von Vorteil sein kann.

Im Hinblick auf die folgende Sequenzplanung wäre es am einfachsten, für alle Produkte dasselbe Basisintervall zu wählen. Aufgrund des Paretoprinzips, gemäß dem die Nachfragen in der Regel stark ungleich über das Sortiment verteilt sind, ist es allerdings sehr viel effizienter, unterschiedliche EPEIs für die jeweiligen Produkte zu definieren. Um die Komplexität der Sequenzierung dennoch zu begrenzen, bietet es sich an, die EPEIs im Sinne einer „Power of Two"-Logik zu runden, was nachgewiesenermaßen auch isoliert betrachtet nur zu geringen Kostensteigerungen führt (Roundy 1989).

Gibt es eine größere Zahl nur sporadisch nachgefragter Artikel oder ausgeprägte Rüstfamilien oder ist das eigentliche Ziel der Nivellierung den Verbrauch bestimmter Vorprodukte, die in mehrere Endartikel eingehen, zu glätten, kann es sinnvoller sein ganze Produktgruppen gemeinsam zu nivellieren statt eine Nivellierung auf Einzelproduktebene vorzunehmen. Es sind also Produktgruppen zu bilden, für die dann jeweils ein Gruppen-EPEI bestimmt wird. Innerhalb der Produktgruppen entsteht durch diese Maßnahme eine Ressourcenkonkurrenz, so dass Dispositionsregeln innerhalb einer Gruppe festgelegt werden müssen.

Hat man grob festgelegt, in welchen Abständen die einzelnen Produkte oder Produktgruppen aufgelegt werden sollen, muss man daraus ein Produktionsmuster erstellen. Diese Sequenzierung der Lose hat im Falle reihenfolgeabhängiger Rüstzeiten entweder das Ziel, die Rüstzeiten zu minimieren unter Berücksichtigung einer mindestens geforderten Gleichmäßigkeit für die Produktionsintervalle, oder umgekehrt, die Gleichmäßigkeit zu maximieren unter Berücksichtigung einer Rüstzeitbedingung. Dieses Problem der nivellierten Sequenzierung kann schon für sich betrachtet sehr komplex werden, und es ist ein ganzer Forschungszweig mit Modellierungsansätzen und Lösungsverfahren entstanden (Boysen, Fliedner und Scholl 2007).

Bevor das System in Betrieb gehen kann, muss schließlich noch das Grundbestandsniveau bestimmt werden. Sind die Kunden bereit, so lange auf ihr Produkt zu warten, bis der nächste freie Platz in der Produktionssequenz erreicht und die Produktion abgeschlossen ist, wie es bei Pkws vielfach der Fall ist, so kann man ein Heijunkanivelliertes System bestandslos betreiben. Anderenfalls ist Bestand in Form eines Kanbansystems erforderlich. In den folgenden Kapiteln werden Modelle vorgestellt, mit denen die notwendige Kanbanzahl bestimmt werden kann. Die vorhergehenden Planungsschritte der EPEI-Bestimmung und Sequenzierung werden dabei als gegeben vorausgesetzt. Ist die mittelfristige Auslegung des Systems erfolgt, kann sich die tägliche Ausführung anschließen, die folgendermaßen abläuft (vgl. Abbildung 2.3): Die Kunden rufen Fertigprodukte ab, möglicherweise über einen Entnahmekanban. Im Fertigwarensupermarkt wird daraufhin das Produkt in der geforderten Menge entnommen und die daran befestigten Produktionskanban werden von der Ware getrennt. Die Produkte werden zu den Kunden geschickt und die Produktionskanban werden den Regeln gemäß als Produktionsaufträge in das Heijunka-Board einsortiert.

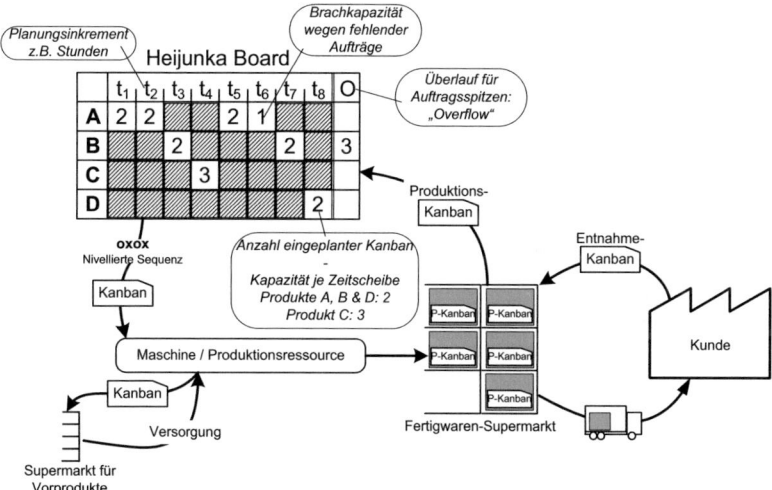

Abbildung 2.3: Ein Heijunka-nivelliertes Kanbansystem.

Das Heijunka-Board bildet die Ergebnisse der Auslegung ab. Für jedes Produkt, bzw. für jede Nivellierungsgruppe ist eine Zeile reserviert, der zeitliche Fortschritt im Produktionsplan wird durch Spalten visualisiert, z. B. acht Stundeninkremente, wenn das Muster einmal in einer achtstündigen Schicht durchlaufen wird. Dort, wo das Nivellierungsmuster es vorsieht, können Kanban des entsprechenden Produkts gesteckt werden, bis die im Muster vorgesehene Kapazitätsgrenze erreicht ist. Wenn die Steckplätze für ein Produkt im nächsten Zyklus vollständig belegt sind, werden überschüssige Produktionsaufträge im *Overflow* gepuffert und in einem späteren Zyklus mit unterdurchschnittlicher Nachfrage wieder an einem der dafür vorgesehenen Steckplätze in den Kreislauf eingesteuert. Somit entsteht der ausgleichende Effekt der Heijunka-Nivellierung. Können in einem Zyklus die für ein Produkt reservierten Steckplätze nicht belegt werden, bleibt die Kapazität ungenutzt. Ein Ausgleich mit überschüssiger Nachfrage einer anderen Nivellierungsgruppe ist nicht vorgesehen, da das den Nivellierungseffekt tilgen würde. Das System gewinnt damit zusätzlich an Transparenz, da die Produkte einander nicht beeinflussen und Ursachen und Wirkungen leichter zu identifizieren sind. Kommt es bei einer Nivellierungsgruppe häufiger zu Brachkapazitäten oder ist der Overflow permanent sehr voll, ist das ein Hinweis darauf, dass die Vorhersagen zur Auslegung des Systems sich nicht erfüllen und somit das System angepasst werden sollte.

2.2.3 Bestände in Heijunka-nivellierten Systemen

Auch in Heijunka-nivellierten Systemen sollen Bestände entweder eine geplante zeitliche und mengenmäßige Entkopplung der Materialflüsse ermöglichen oder der Absicherung gegen stochastische Prozessschwankungen dienen. In der Forschung zur Heijunka-nivellierten Produktion wurde bisher ein Schwerpunkt darauf gelegt, geplante Ungleichgewichte im Materialfluss zu minimieren, indem die Produktionssequenz möglichst gleichmäßig gestaltet wird (Miltenburg (2007), Iyer et al. (2009, S.61)).

Im Beispiel von Abbildung 2.3 wären diesbezüglich Verbesserungen durch eine Einzelfertigung oder durch die Verteilung großer Lose auf mehrere Teillose möglich. Abbildung 2.4 illustriert die Abweichungen von der optimal gleichmäßigen Produktion durch die treppenförmigen Kurvenverläufe der maximalen Produktionsmengen. Diese Unregelmäßigkeiten im Verbrauch bedeuten, dass man in der Supply Chain etwas mehr Bestand benötigt, um die Versorgung der nivellierten Stufe sicherstellen zu können.

Gegenüber den Beständen, die benötigt werden, um stochastische Prozessschwankungen abzudecken, sind die zusätzlichen Bestände für die ungleichmäßige Produktion jedoch zu vernachlässigen. Das lässt sich an der zufälligen Nachfragerealisation für Produkt A in Abbildung 2.5 nachvollziehen. Die Abbildung stellt die kumulierten Kapazitäts-, Nachfrage- und Produktionsmengen über circa 200 Produktionsstunden[2] hinweg gegenüber.

Der Steigungsunterschied zwischen maximaler Kapazität und langfristig durchschnittlicher Nachfrage ist die Kapazitätsreserve des Systems. Den nivellierenden Effekt kann man daran erkennen, dass die Steigung der kumulierten Produktionsmenge die Steigung der maximalen Kapazität niemals übertrifft. Zwischenzeitlich

---

[2]Das entspricht 12,5 Arbeitstagen bei einem Zweischichtbetrieb mit dem Produktionsmuster aus Abbildung 2.3

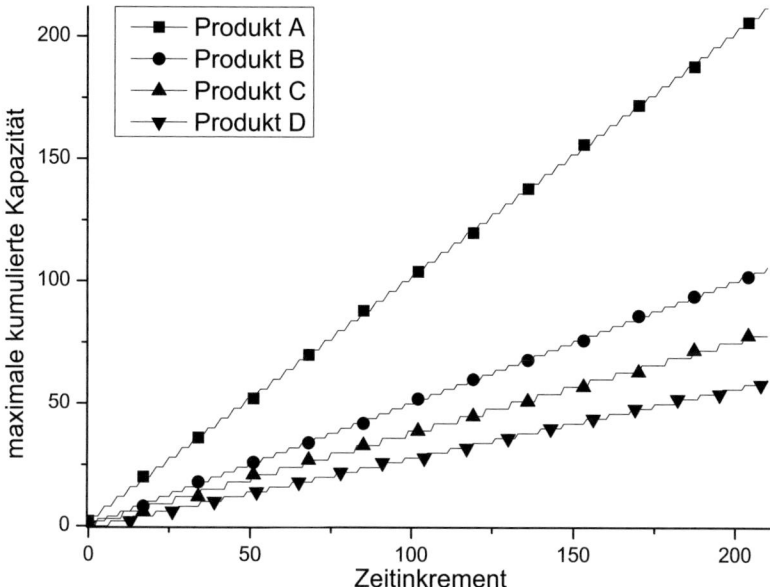

Abbildung 2.4: Maximale kumulierte Produktionskapazität gemäß dem Nivellierungsmuster in Abbildung 2.3.

nicht genutzte Kapazitäten können nicht wieder ausgeglichen werden, so dass der Abstand zwischen der Kurve für die maximale Kapazität und der Produktionskurve monoton wächst.

Bestände, die notwendig sind, um trotz der Nivellierung die Kundennachfrage sofort bedienen zu können, werden durch den vertikalen Abstand zwischen den aktuellen Werten der Nachfrage und der Produktion symbolisiert. Man erkennt, dass auch bei einer insgesamt unterdurchschnittlichen Nachfrage kurzfristige Nachfragespitzen dazu führen, dass im Fertigwarenlager Bestandsmengen benötigt werden, die erheblich größer sind als die Mengen, die wegen des leicht ungleichmäßigen Produktionsmusters benötigt werden.

Ferner ist aus Abbildung 2.5 ersichtlich, dass es notwendig ist, Kapazitätsreserven bei der Auslegung vorzusehen. Denn nur das erlaubt es, Phasen auszugleichen, in denen wegen der geringen Nachfrage keine Fertigungsaufträge ausgelöst werden, wenn später die Nachfrage wieder anzieht. Dann lässt sich der Overflow durch die zusätzlichen Kapazitäten schneller ausgleichen. Eine Push-Nivellierung, bei der unabhängig von der tatsächlichen Nachfrage entsprechend der mittleren Nachfrage produziert wird, ist in der Regel nicht zu empfehlen. In diesem Beispiel würde zwischen den

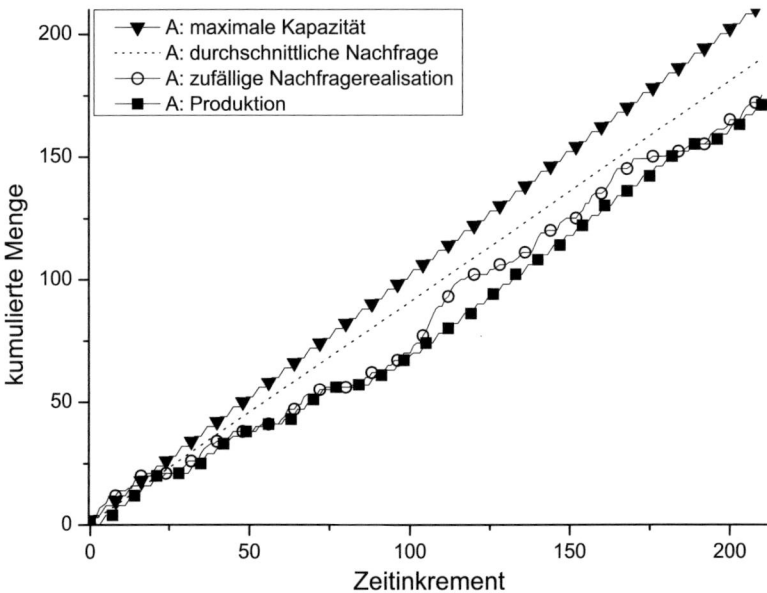

Abbildung 2.5: Die Wirkung von Kapazität, Nachfrage und nivellierter Produktion
auf die Bestände an einem Beispiel.

Produktionsstunden 80 und 100 ein erheblicher Bestandsaufbau stattfinden, der
wiederum am vertikalen Abstand von durchschnittlicher und tatsächlicher Nachfrage erkennbar ist. Generell sind in einer Push-Nivellierung höhere Bestände oder
häufigere Parameteranpassungen nötig als in einer Pull-Nivellierung. Die Parameteranpassungen konterkarieren die Nivellierung, und sie können den Bullwhip-Effekt
auslösen. Der Einfluss auf den Bullwhip-Effekt wird in Kapitel 4 näher erläutert.

Die Modelle der folgenden Kapitel bilden das langfristig zu erwartende logistische
Verhalten von Heijunka-nivellierten Systemen ab, das hier nur an einem zufällig
gewählten Zeitabschnitt erläutert wurde.

2.3 Vergleich Heijunka-nivellierter Kanbansysteme mit dem MRP II-Konzept

Die Anforderungen an ein System zur operativen Produktionsplanung und -steuerung
leiten sich ab von unternehmens- und branchenspezifischen Merkmalen sowie von
den unternehmensinternen und externen Rahmenbedingungen. Entscheidende Merk-

male zur Typisierung der Produktion wurden in einer Studie der RWTH Aachen identifiziert (vgl. Abbildung 2.6). Aus dieser Morphologie ergeben sich mehrere Millionen möglicher Kombinationen, und zum Teil können mehrere dieser Kombinationen in einem Unternehmen nebeneinander auftreten. Die Anforderungen an das PPS-System unterscheiden sich daher von Unternehmen zu Unternehmen stark, und es können unterschiedliche PPS-Ansätze vorteilhaft sein. Ein generell überlegenes PPS-System kann es nicht geben, da die simultane Lösung aller PPS-Aufgaben unter Berücksichtigung der Stochastik in den Prozessen mittels dynamischer Optimierung nur für praxisferne Probleme minimaler Größe möglich ist (Federgruen und Katalan 1998). Es gibt jedoch einen prinzipiellen Ansatz, der deutlich weiter verbreitet ist als andere: das MRP II-Konzept (*manufacturing resource planning*). Es ist Grundlage für beinahe jedes rechnergestützte PPS-System (Domschke et al. 1997, S.18). Zum Abschluss dieses Kapitels soll der MRP II-Ansatz kurz vorgestellt werden; es wird auf Vergleiche zur bedarfsgesteuerten Produktionsplanung gemäß Toyota hingewiesen, und eine grobe Kategorisierung, wann welches Planungssystem vorzuziehen ist, soll vorgenommen werden.

MRP II ist ein hierarchisches Sukzessivplanungsverfahren, wobei in der Regel von einer deterministischen Umwelt ausgegangen wird. Die PPS-Probleme werden in vier Planungsebenen unterteilt (Stadtler 2008, S.196f). Auf jeder der Ebenen werden Optimierungsprobleme aufgestellt und in der Regel heuristisch gelöst (Domschke et al. 1997, S.18):

1. Hauptproduktionsprogramm-Planung (engl.: Master Production Scheduling (MPS)): Für alle Verkaufsartikel werden aufgrund von Kundenaufträgen und aufgrund von Absatzprognosen die Primärbedarfe über den Planungshorizont bestimmt. Ist die Erstellung von Absatzprognosen erforderlich, kann eine breite Palette von statistischen Prognosemodellen verwendet werden, deren Eignung stark vom Nachfragetyp abhängt.

2. Materialbedarfsplanung (engl.: Material Requirements Planning (MRP)): Ausgehend von den Primärbedarfen der Hauptproduktionsprogramm-Planung werden für die gesamte Produktstruktur zunächst Bruttobedarfe ermittelt. Dies geschieht durch stufenweise Stücklistenauflösung, ausgehend von der Verkaufsware. Durch den Abgleich mit Lagerbeständen und mit geplanten Zugängen ergeben sich schließlich periodenbezogene Nettobedarfe. Daraus ermittelt man die Bestellmengen bei Zulieferern, bzw. Produktionslose im Falle der Eigenfertigung, falls die Losgrößen nicht längerfristig festgelegt werden, unabhängig von der aktuellen Produktionsplanung. Die Losgrößen werden in der Regel mit Hilfe einfacher, einstufiger Losgrößenheuristiken bestimmt (z. B. EOQ-Modell oder Lot-for-Lot (Hopp und Spearman 2000, S.124-128)).

3. Terminplanung (engl.: Capacity Requirements Planning (CRP)), unterteilt in die Durchlaufterminierung und die Kapazitätsterminierung: Bei der Durchlaufterminierung werden durch Rückwärtsterminierung mit den im System hinterlegten Vorlaufzeiten späteste Startzeitpunkte für die Produktionsaufträge bestimmt. Dabei bleiben die verfügbaren Kapazitäten zunächst unberücksich-

tigt. Erst im nächsten Schritt, der Kapazitätsterminierung, wird ein Abgleich zwischen verfügbaren und benötigten Kapazitäten vorgenommen. Gibt es Engpässe, werden entweder die Kapazitäten angepasst, z. B. durch Überstunden oder die Aufträge werden manuell verschoben, was sehr komplex werden kann, wenn man in einem mehrstufigen System die Auswirkungen auf andere Dispositionsstufen berücksichtigen muss.

4. Produktionssteuerung: Im Rahmen der Produktionssteuerung wird zunächst geprüft, ob die erforderlichen Produktionsfaktoren rechtzeitig zum Produktionstermin bereitstehen. Dann werden die Produktionsaufträge freigegeben, die Produktionsreihenfolge wird genau festgelegt und die Feinterminierung mit detaillierten Zeitplänen erfolgt. Schließlich wird der Produktionsfortschritt kontrolliert, und Planabweichungen werden beim nächsten Planungslauf berücksichtigt.

Will man nun MRP II mit der Heijunka-nivellierten Planung vergleichen, sollte man sich zunächst über die Defizite des MRP II-Konzepts bewusst werden.

Sind die Kundennachfragen zum Zeitpunkt der Produktionsplanung noch nicht vollständig bekannt, beginnt das Verfahren mit einer Prognose im Rahmen der MPS. Basierend auf den prognostizierten Einzelwerten werden in den folgenden Planungsschritten deterministische Modelle gelöst. Ist die Nachfrage aber zu einem gewissen Grad zufällig, kann man seriöserweise nur einen Wertebereich mit einer gewissen Sicherheit prognostizieren (Chatfield 2000, S.181f). Die Prognose von Einzelwerten kann dagegen nur zufällig richtig sein, so dass alle folgenden Planungsschritte in der Regel auf mehr oder weniger falschen Daten basieren. Geht man aber davon aus, dass die Nachfragen zu Planungsbeginn bekannt oder sehr gut prognostizierbar sind, gibt es immer noch Störungen im Produktionsprozess, die der Annahme eines deterministischen Planungsgegenstands entgegenstehen. Die unvorhergesehenen Ereignisse bei der Nachfrage und im Produktionsablauf können eine Reaktion erforderlich machen. Kann zwischen dem Zeitpunkt, zu dem Änderungsbedarf erkannt wird, und dem Geltungsbeginn des Plans kein neuer Planungslauf erfolgen, müssen die Produktionsmitarbeiter improvisieren, d. h. die Pläne werden bewusst nicht eingehalten, da sie an den realen Erfordernissen vorbeigehen (Pfohl 2004, S.158f). Eine sehr häufige und schnellere Überarbeitung der Pläne ist allerdings auch keine Lösung, da das Ziel der Planung konterkariert wird, nämlich die geistige Vorwegnahme zukünftiger Ereignisse. Die Mitarbeiter erkennen, dass die Pläne sich permanent ändern, so dass sie auch nur eingeschränkt beachtet werden. Die Aktualisierungsfrequenz der MRP-Pläne ist daher immer ein Kompromiss zwischen Stabilität und Aktualität der Pläne (Hopp und Spearman 2000, S.123). Zudem entstehen in der Praxis oftmals falsche Pläne, weil die tatsächliche Datenqualität den hohen Anforderungen des MRP-Konzepts nicht entspricht. Einen Plan nicht auszuführen ist daher der Normalfall (Slack et al. 2004, S.543). Es ist hinterher kaum nachvollziehbar, wo die Ursachen der Abweichung lagen und ob Verbesserungen im Produktionsprozess erforderlich sind.

Ein weiterer Kritikpunkt am MRP II-Konzept ist die späte Beachtung der Kapazitäten im Planungsprozess (Domschke et al. 1997, S.20). Hierdurch ist es notwendig,

Merkmal	Merkmalsausprägungen				
Auftrags-Auslösungsart	Produktion auf Bestellung mit Einzelaufträgen	Produktion auf Bestellung mit Rahmenaufträgen	Kundenanonyme Vorproduktion/ kundenauftragsbezogene Endproduktion	Produktion auf Lager	
Erzeugnisspektrum	Erzeugnisse nach Kundenspezifikation	typisierte Erzeugnisse mit kundenspezifischen Varianten	Standarderzeugnisse mit Varianten	Standarderzeugnisse ohne Varianten	
Erzeugnisstruktur	mehrteilige Erzeugnisse mit komplexer Struktur	mehrteilige Erzeugnisse mit einfacher Struktur	geringteilige Erzeugnisse		
Ermittlung des Erzeugnis-/Komponentenbedarfs	bedarfsorientiert auf Erzeugnisebene	teilweise erwartungs-/teilweise bedarfsorientiert auf Komponentenebene	erwartungsorientiert auf Komponentenebene	erwartungsorientiert auf Erzeugnisebene	verbrauchsorientiert auf Erzeugnisebene
Auslösung des Sekundärbedarfs	auftragsorientiert	teilweise auftragsorientiert/ teilweise periodenorientiert	periodenorientiert		
Beschaffungsart	weitgehender Fremdbezug	Fremdbezug in größerem Umfang	Fremdbezug unbedeutend		
Bevorratung	keine Bevorratung von Bedarfspositionen	Bevorratung von Bedarfspositionen auf unteren Strukturebenen	Bevorratung von Bedarfspositionen auf oberen Strukturebenen	Bevorratung von Erzeugnissen	
Fertigungsart	Einmalfertigung	Einzel- und Kleinserienfertigung	Serienfertigung	Massenfertigung	
Ablaufart in der Teilefertigung	Werkstattfertigung	Inselfertigung	Reihenfertigung	Fließfertigung	
Ablaufart in der Montage	Baustellenmontage	Gruppenmontage	Reihenmontage	Fließmontage	
Fertigungsstruktur	Fertigung mit geringem Strukturierungsgrad	Fertigung mit mittlerem Strukturierungsgrad	Fertigung mit hohem Strukturierungsgrad		
Kundenänderungs-Einflüsse während der Fertigung	Änderungseinflüsse in größerem Umfang	Änderungseinflüsse gelegentlich	Änderungseinflüsse unbedeutend		

Abbildung 2.6: Morphologie der Betriebstypologien (Schuh und Schmidt 2006, S.120ff).

bei den Durchlaufzeiten einen Zeitpuffer oder einen Bestandspuffer einzuplanen. Die erhöhten Durchlaufzeiten führen dazu, dass vermehrt Eilaufträge mit erhöhter Priorität auftreten, die durch manuelle Eingriffe in die Planung schneller durch die Produktion geschleust werden. Damit wird die Durchlaufzeit für die restlichen Aufträge aber noch länger, der einzuplanende Zeitpuffer, bzw. die Bestände werden noch größer, und noch mehr Eilaufträge treten auf. Dieses Phänomen ist auch als das „Durchlaufzeitsyndrom" der MRP-Planung bekannt (Kiener et al. 2006, S.268).

Der streng hierarchische Aufbau wird in der Literatur generell als Problem des MRP II-Konzepts gesehen (Stadtler 2008, S.198), da die Interdependenzen der Planungsaufgaben nur ungenügend abgebildet werden können. Das spiegelt sich bei der Tendenz zu ständig steigenden Durchlaufzeiten, aber auch die Verwendung der gängigen Losgrößenmodelle wird unsinnig. Nicht nur werden die Modelle sehr häufig auf Probleme angewendet, die den vereinfachenden Annahmen gar nicht entsprechen, sondern darüber hinaus sind die verwendeten Kostensätze zur Bewertung der Rüstkosten ungeeignet (Stadtler 2008, S.197). Solange man wegen des Rüstens keine neuen Maschinen anschaffen muss, sind kalkulatorische Maschinenstundensätze ohne Relevanz und alternative Opportunitätskosten sind erst aus dem Planungsergebnis bestimmbar. Diese Kritik veranlasst Alicke (2005, S.17ff) zu der Aussage, dass die MRP-Logik aus einer Zeit stamme, die von Verkäufermärkten geprägt gewesen sei und sich aus diesem Grunde nur für dieses Produktionsumfeld gut eigne. Die Grundvoraussetzungen für einen sinnvollen Einsatz von MRP-Methoden seien gut prognostizierbare Nachfragen, gut beherrschte Produktionsprozesse sowie das Nichtvorhandensein von Eilaufträgen und Kapazitätsengpässen. Da diese Voraussetzungen nur selten gegeben seien, sei die Verwendung von Pull-Methoden empfehlenswert.

Es gibt eine ganze Reihe von vergleichenden Studien, die überwiegend bestätigen, dass das MRP-Konzept nur unter ganz bestimmten Voraussetzungen Vorteile gegenüber einer bedarfgesteuerten Produktion mit einfachen Planungsregeln hat. Dabei ist der Aufwand zur Datenerhebung, Datenpflege und zur Planung selbst im Fall von MRP II wesentlich größer als für die Heijunka-nivellierte Planung.

Spearman und Zazanis (1992) vergleichen eine Push-Steuerung, bei der man die Auftragsfreigabe regelt und den Systembestand (Work in Process - WIP) beobachtet, mit einer Pull-Steuerung, die den WIP regelt und die Auftragsfreigabe misst. Untersucht wird ein mehrstufiges lineares System mit poissonverteilten Nachfragemengen und mit stark schwankenden Fertigungszeiten, die auch einem Markov-Prozess folgen. Die Autoren stellen fest, dass in einem bedarfgesteuerten System, mit begrenztem WIP der gleiche Durchsatz erreichbar ist, wie in einem Push-System, allerdings bei geringerem Bestand. Zudem sei die Robustheit der Bedarfssteuerung größer. Die Autoren stellen aber auch fest, dass Unterschiede durch verbesserte Randbedingungen wesentlich wichtiger sein können als der Einfluss des verwendeten Steuerungssystems.

Ein sehr umfassender, simulationsbasierter Vergleich von MRP II, Kanban und CONWIP wird in der Dissertation von Gstettner (1998) durchgeführt. Dabei betrachtet Gstettner den notwendigen Lagerbestand, der zur Erreichung eines vorgegebenen Servicegrades benötigt wird, als Vergleichsgröße. Er gelangt im Ein-Produkt-, Ein-Maschinenfall zu der Erkenntnis, dass MRP II bei kleinen Nachfrageschwankungen, perfekten Prognosen und deterministischen Bedienzeiten einen Vorteil gegenüber Kanban besitze. Die Höhe dieses Vorteils sei abhängig vom Planungshorizont. Wenn die Nachfrage hohe Variabilitäten aufweist bei einigermaßen stabilen Produktionsprozessen, sei Kanban jedoch überlegen, was der gängigen Meinung widerspreche, dass eine solche Steuerung konstante Nachfragen benötige. Wie Gstettner feststellt, sei allerdings der Planungsaufwand beim Push-Verfahren deutlich höher als bei der Pull-Steuerung. Die Ausdehnung seiner Untersuchungen auf zwei Produkte führt zu ähnlichen Ergebnissen wie im Ein-Produkt-Fall.

Vaughan (2007) untersucht in einer Simulationsstudie, wann zyklische Produktionspläne, die eng verwandt sind mit dem Konzept der Heijunka-Nivellierung, Vorteile gegenüber einer Bestellpunkt-Logik haben, bei denen immer „optimale" Losgrößen produziert werden. Diese Bestellpunkt-Logik entspricht im Prinzip dem Vorgehen in einer MRP-Planung oder in einem Kanban-System ohne weitere Planungssystematik. Untersucht wird ein Mehrprodukt-Ein-Maschinenproblem mit Rüstzeiten und poissonverteilten Nachfragemengen. Vaughan kommt zu dem Schluss, dass zyklische Pläne selbst im einstufigen Fall Vorteile haben können, vor allem bei hoher Auslastung und ausgeprägter Paretoverteilung der Nachfrage. Entstehen bei Rüstwechseln nicht nur kalkulatorische Kosten sondern auch unmittelbare Verluste, z. B. durch Ausschuss zu Beginn oder am Ende der Lose, gewinnen die Bestellpunkt-Verfahren an Effizienz. Ist aber der Rüstaufwand reihenfolgeabhängig, sind wiederum die zyklischen Verfahren vorteilhafter.

Eine Empfehlung mit qualitativem Charakter bzgl. der Anwendbarkeit schlanker Planungsmethoden kommt von Slack et al. 2004. Sie empfehlen den Einsatz dezentraler, verbrauchsorientierter Methoden vor allem, wenn sowohl die Produkt- als auch die Fertigungsstrukturen einfach und transparent sind (vgl. Abbildung 2.7). Gibt es z. B. im Materialfluss viele Verzweigungen, Zusammenführungen und Schleifen, in denen ein Produkt mehrmals von derselben Produktionsressource bearbeitet wird, oder ist das Produkt hochkomplex und wird nur in ganz geringen Stückzahlen gebaut, wie in der Raumfahrttechnik, sind MRP II oder noch komplexere Verfahren besser geeignet als die Methoden des TPS.

Zusammenfassend kann man feststellen, dass die Heijunka-nivellierte Produktionsplanung nicht für jede Produktion geeignet ist und die Verwendung wohl überlegt sein sollte. Bei vielen Unternehmen, auch außerhalb der Automobilindustrie, sind aber die Voraussetzungen erfüllt und die Methode kann bei geringerem Planungsaufwand zu gleich guten oder besseren Ergebnissen als der MRP II-Ansatz führen. Gibt es Gründe gegen den Einsatz schlanker Methoden, können möglicherweise auch zielgerichtete Maßnahmen, z. B. zur Komplexitätsreduktion, dazu führen, dass die Heijunka-Nivellierung anwendbar wird. Das könnte generell zu einer verbesserten Effizienz in der Produktion führen.

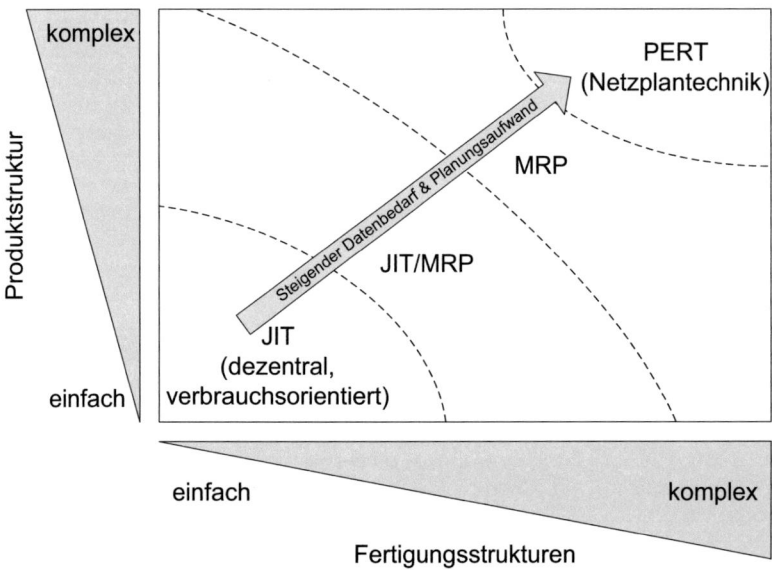

Abbildung 2.7: Wahl des idealen operativen Planungssystems, abhängig von der Produktkomplexität und Komplexität der Fertigungsstruktur (Slack et al. 2004, S.545).

In diesem Kapitel wurde das Problem der Produktionsplanung und -steuerung umrissen und der Planungsansatz der Heijunka-nivellierten Kanbansysteme ausführlich vorgestellt. Darauf aufbauend sollen in den folgenden Kapiteln mathematische Bestandsmodelle zur Beschreibung der Systeme entwickelt werden.

3 Einstufige Bestandsmodelle der Heijunka-Nivellierung

Je planmäßiger die Menschen vorgehen,
desto wirksamer vermag sie der Zufall zu treffen
Friedrich Dürrenmatt

In diesem Kapitel wird das grundlegende Bestandsmodell beschrieben für den Fall, dass die Nivellierung auf der Ebene des einzelnen Produkts erfolgt. Das Kapitel beginnt in Abschnitt 3.1 mit einer Erklärung, wie man durch Freischneiden vom Produktionsplan für alle Produkte des Heijunka-Bretts zu einem Modell für ein einzelnes Produkt gelangt. Außerdem wird die Notation erläutert, die dann bei den stochastischen Modellen Anwendung findet. In den Abschnitten 3.2 und 3.3 werden mathematische Modelle der Heijunka-Nivellierung mit begrenztem und mit unbegrenztem Auftragsrückstand vorgestellt.

3.1 Isolierte Betrachtung eines einzelnen Produkts

Legt der Planer bei der Auslegung des Nivellierungsbretts für ein Produkt eine eigene Nivellierungsgruppe fest, so ist eine isolierte Betrachtung dieses Produkts bei der Bestandsdimensionierung möglich. Dem Produkt sind in der Produktionssequenz dezidierte Kapazitätsfenster zugewiesen, die durch die Nachfrage oder die Produktion anderer Produkte nicht beeinflusst werden, sofern man von statistisch unabhängigen Kundenbedarfen ausgeht. Das Steckbrett kann gedanklich auf das Produkt reduziert werden, für das der Bestand ausgelegt werden soll (Abbildung 3.1).

Bei der Auslegung des Steckbretts wird ein Produktionsmuster geplant, in dem die Lose eines Produkts in möglichst gleichmäßigen Abständen auftreten. Man kann den Ablauf daher näherungsweise in regelmäßige Zyklen unterteilen, die so lang sind wie das EPEI des jeweiligen Produkts (Abbildung 3.2):

1. Zu Beginn des Zyklus' gibt es eine gewisse Anzahl freier Kanban, die der Menge entspricht, die von Kunden in der Vergangenheit abgerufen wurde, bisher aber noch nicht wieder produziert werden konnte. Sofern nicht anders erwähnt, bezieht sich der gemessene Systemzustand in allen Modellen dieser Arbeit auf genau diesen Zeitpunkt im operativen Ablauf.

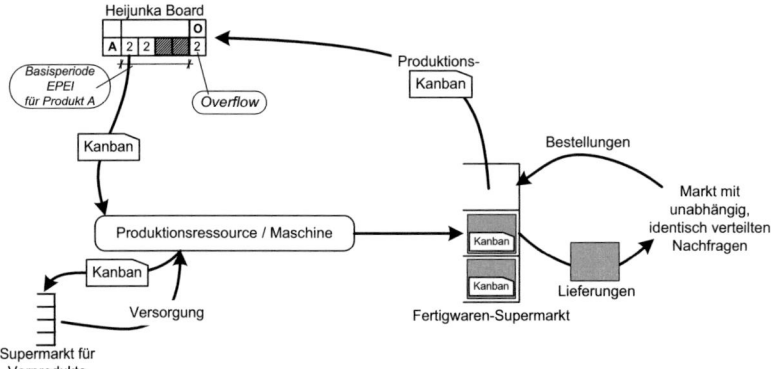

Abbildung 3.1: Freigeschnittenes Modell des Heijunka-nivellierten Kanbansystems.

2. Als Produktionsmenge im nächsten EPEI-Zyklus wird das Minimum aus den freien Kanban und der Steckplatzanzahl eingeplant und überzählige Kanban werden in den Overflow verschoben, wie in Abschn. 2.2.2 beschrieben. Die Produktion wird durchgeführt und die Fertigware in den Fertigwarensupermarkt verschoben.

3. Kundennachfragen treffen ein und werden aus dem Fertigwarensupermarkt bedient. Werden nicht sofort erfüllbare Aufträge als Rückstände gespeichert, sind diese Rückstände vorrangig vor der Nachfrage des aktuellen Zyklus' zu erfüllen.

4. Der nächste Zyklus beginnt (siehe 1.).

Die Optimalität des Vorgehens, einen festen Zielbestand anzustreben und im Fall von Kundenabrufen bis auf diesen Bestand aufzufüllen, soweit es die Kapazität erlaubt, aber den Zielbestand nicht zu überschreiten, haben Federgruen und Zipkin bewiesen. Sie gehen dabei von einer festen, diskreten Nachfrageverteilung und einer konvexen Kostenfunktion aus, die zum Beispiel durch lineare Kostensätze für Lager- und Lieferrückstandskosten induziert wird. Den Autoren gelingt der Optimalitätsbeweis für den unendlichem Zeithorizont sowohl in Bezug auf die Durchschnittskosten je Periode (Federgruen und Zipkin 1986a) als auch bezüglich der diskontierten Kosten (Federgruen und Zipkin 1986b).

Dieser Ablauf, bei dem zu diskreten Zeitpunkten die Produktionsmengen geplant werden, aufgrund des Systemzustands zu diesen Zeitpunkten, hat zur Folge, dass sich eine mathematische Modellierung des Prozesses mit zeitdiskreten Methoden anbietet. Zeitdiskret bedeutet, dass der Systemzustand immer nur zu Zeitpunkten im Abstand eines Basisintervalls (hier: Länge des Produktionsintervalls EPEI) beobachtet wird. Die Zeit wird gemessen durch die Anzahl der Inkremente, die vergangen sind seit dem Beobachtungsbeginn zum Zeitpunkt t.

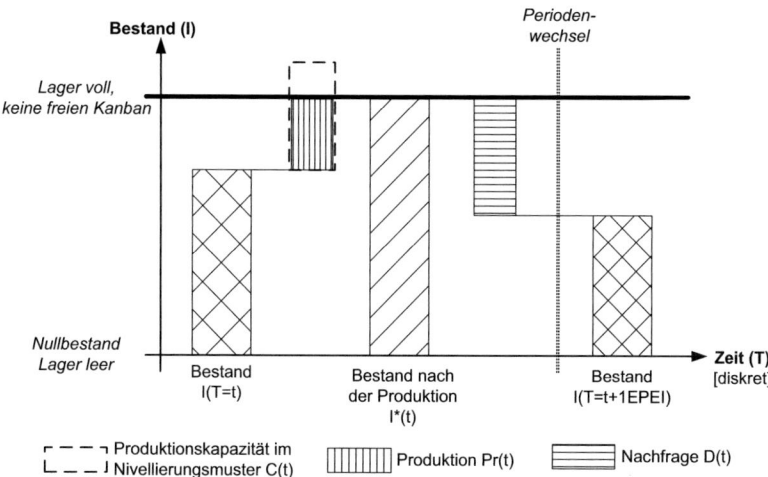

Abbildung 3.2: Ereignisabfolge im zeitdiskreten Modell der nivellierten Produktion.

Die zeitdiskreten Methoden entsprechen nicht nur dem Prozess sehr gut, zusätzlich haben sie weitere, bei Schleyer (2007, S.13-17) ausführlich dargestellte Vorteile gegenüber zeitkontinuierlichen Methoden und gegenüber der Simulation. Die zeitdiskreten Methoden sind exakt bis auf eine frei wählbare ϵ-Umgebung, während zeitkontinuierliche Methoden oft nur Approximationen aufgrund der ersten beiden Verteilungsmomente sind. Ergebnisse der zeitdiskreten Methoden haben einen höheren Detaillierungsgrad, da sie die Bestimmung von Verteilungen und Quantilen ermöglichen. Das ist in Bezug auf das Bestandsmanagement wichtig, um den Liefererfüllungsgrad bestimmen zu können. Gegenüber der Simulation sind zeitdiskrete Methoden wesentlich effizienter, da sie um Größenordnungen weniger Rechenzeit benötigen. Die folgenden Modelle sind daher überwiegend zeitdiskreter Art.

In allen Modellen ist Rohmaterial unbegrenzt verfügbar auf der Stufe, die am weitesten vom Kunden entfernt ist. Nachfragen und Produktionskapazitäten von Gutteilen sind stochastisch. Sie folgen vorab bekannten, diskreten Verteilungen und die Realisierungen sind unabhängig voneinander. Wenn Ausschuss auftritt, wird dieser noch vor Lagerzugang erkannt. Er ist in der stochastischen Kapazität implizit berücksichtigt. Transporte zwischen Produktionsstufen und die Informationsweitergabe benötigen keine Zeit, es sei denn, es wird ausdrücklich erwähnt.

Zur Beschreibung des Systemzustands in den mathematischen Bestandsmodellen wird das Defizit (engl. „Shortfall") Z gegenüber dem Zielbestand K, bei dem sich alle Kanban verbunden mit Produkten im Fertigwarenlager befinden, verwendet. Denn bei der Zulässigkeit eines unbegrenzt großen Auftragsrückstands ist das volle

Lager ein fester Bezugpunkt, auf den alle Zustände gut referenzierbar sind. Mit dem Defizit kann der Systemzustand mit nur einer Variable beschrieben werden, der Lagerbestand und der Auftragsrückstand lassen sich daraus ableiten (s. Abbildung 3.3). Allgemein berechnet sich der Bestand aus dem Defizit und der Kanban-Anzahl gemäß:

$$I = \max\{0; K - Z\}. \tag{3.1}$$

Komplementär dazu ist der Auftragsrückstand, der auftritt, wenn das Defizit größer als der Grundbestand ist:

$$B = \max\{0; Z - K\}. \tag{3.2}$$

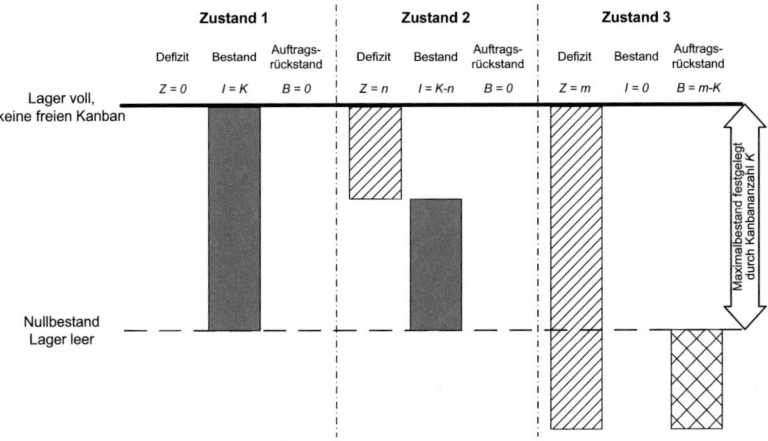

Abbildung 3.3: Beschreibung des Systemzustands durch das Defizit gegenüber dem Zielbestand.

Grundbegriffe diskreter Zufallsprozesse und deren Notation

Ein diskreter Zufallsprozess, wie es die Nachfrage üblicherweise ist, wird beschrieben durch die zugehörige diskrete Dichtefunktion der Wahrscheinlichkeitsverteilung. Die Dichtefunktion $\vec{x}$ gibt die relative Häufigkeit eines Ereignisses i an, bei unendlich häufiger Wiederholung des Prozesses:

$$\vec{x} : P(X = i) = x_i \; \forall \; i = 0, 1, \ldots, X_{\max}. \tag{3.3}$$

Entsprechend der Definition als relative Häufigkeiten sind alle $0 \leq x_i \leq 1$. In den folgenden Modellen wird durchgängig von empirischen Wahrscheinlichkeitsverteilungen ausgegangen, weshalb die größtmögliche Realisierung $X_{\max}$ auf jeden Fall endlich ist.

Die Verteilungsfunktion $\vec{X}$ definiert die Wahrscheinlichkeit, dass eine Realisierung i kleiner oder gleich einer Variablen X ist:

$$\vec{X} : P(X \leq i) = \sum_{j=0}^{i} x_i \ \forall \ i = 0, 1, \ldots, X_{\max}. \tag{3.4}$$

Die Umkehrung der Verteilungsfunktion führt zu den Quantilen Q_p, mit dem kleinsten i, bei dem gilt $\sum_{j=0}^{i} x_i \geq Q_p$. Die wohl gängigste Kennzahl eines stochastischen Prozesses ist der Erwartungswert oder auch Mittelwert, der sich aus einer diskreten Dichtefunktion berechnet, gemäß:

$$E(X) = \sum_{i=0}^{X_{\max}} i \cdot x_i. \tag{3.5}$$

Als weitere wichtige Kennzahl, die die Streuung eines Zufallsprozesses misst, wird im Folgenden das zweite zentrale Moment verwendet, das auch als Varianz bezeichnet wird:

$$Var(X) = \sum_{i=0}^{X_{\max}} (i - E(X))^2 \cdot x_i = E(X^2) - E^2(X). \tag{3.6}$$

Die Varianz ist eine Maßzahl für die absolute Streuung. So können verhältnismäßig stabile Prozesse mit großem Erwartungswert eine wesentlich größere Varianz haben als stark schwankende Prozesse mit einem sehr kleinen Erwartungswert. Als normiertes Streuungsmaß, das die Bewertung der Prozessstabilität erlaubt, wird daher die Variabilität eingeführt:

$$\text{SCV}(X) = c_X^2 = \frac{Var(X)}{E^2(X)}. \tag{3.7}$$

Die Quadratwurzel der Variabilität wird als Variationskoeffizient bezeichnet.

Beobachtet man zwei stochastische Ereignisse, kann eines das andere beeinflussen oder die Ereignisse sind unabhängig voneinander. Diese Eigenschaft der *bedingten Wahrscheinlichkeit* bzw. der *statistischen Unabhängigkeit* findet regelmäßig Verwendung in den folgenden Modellen. Unter dem bedingten Ereignis $(A \mid B)$, versteht man den Eintritt eines Ereignisses A, unter der Bedingung, dass vorher das Ereignis B eingetreten ist. Im Falle bedingter Wahrscheinlichkeiten gilt für dessen Eintritt in Abhängigkeit des gleichzeitigen Auftretens von A und B ($P(A \cap B)$) und in Abhängigkeit des Eintritts von Ereignis B (mit $P(B) \geq 0$):

$$P(A \mid B) = \frac{P(A \cap B)}{P(B)}. \tag{3.8}$$

Zwei Ereignisse sind hingegen unabhängig, wenn gilt:

$$P(A \cap B) = P(A) \cdot P(B), \tag{3.9}$$

was $P(A \mid B) = P(A)$ und $P(B \mid A) = P(B)$ impliziert.

Ist ein Zufallsprozess die Summe zweier aufeinanderfolgender, aber voneinander unabhängiger Zufallsprozesse, dann berechnet sich dessen Dichtefunktion aus der sogenannten *Faltung* der zugrundeliegenden Dichtefunktionen. Für den Fall zweier nicht-negativer Zufallsvariablen gilt:

$$x_i = \sum_{j=0}^{i} (y_{i-j} \cdot z_j) \Rightarrow \vec{x} = \vec{y} \otimes \vec{z} \tag{3.10}$$

Alle hier vorgestellten Modelle sind nur sinnvoll anwendbar auf Systeme mit stochastischen Einflüssen, d. h. wenn mindestens einer der Prozesse dem Zufall unterliegt. Ferner müssen die Systeme stabil sein, was in Bezug auf die Bestandsmodelle bedeutet, dass der Erwartungswert der Produktionskapazität größer sein muss als die mittlere Nachfrage. Diese Annahme ist allerdings in der Praxis keine Einschränkung, denn wenn die durchschnittliche Kapazität kleiner als die Nachfrage ist, ist das eher ein Problem der Produktionstechnologie und der Investitionsplanung, als ein Problem der operativen Produktionsplanung. Allerdings sollte die maximale Nachfrage größer sein als die minimale Kapazität, denn sonst kann kein Nivellierungseffekt eintreten und die Bestandsauslegung kann unabhängig von der Produktionskapazität erfolgen. Es wird in den Modellen außerdem vorausgesetzt, dass die Kanban-Anzahl größer gleich der maximalen Kapazität für das Produkt in einem EPEI ist:

$$K \geq C_{\max}. \tag{3.11}$$

Anderenfalls würde die Produktionsmenge durch den Mangel an Karten begrenzt, obwohl Kundenaufträge und Produktionsressourcen vorhanden sind. In diesem Fall müssten die Wahrscheinlichkeiten für Kapazitäten $C_i > K$ zur Wahrscheinlichkeit $C_K = K$ hinzuaddiert werden, um das System mit den Modellen korrekt abzubilden.

3.2 Heijunka-nivelliertes Kanbansystem mit begrenztem Auftragsrückstand

Das erste hier vorgestellte Modell beschreibt die Bestandsentwicklung eines Heijunka-nivellierten Kanbansystems, bei dem im Fall der Nichtlieferfähigkeit Vormerkungen des Produkts nur angenommen werden, bis eine Rückstandsobergrenze von $B_{\max}$ Stück erreicht ist. Darüber hinausgehende Nachfrage geht verloren, weil sie z. B. durch Konkurrenzprodukte oder durch Sondermaßnahmen abgedeckt wird, die nicht Teil dieses Modells sind. Die Zulässigkeit von Rückständen kann auch auf den Wert „0" beschränkt werden. Dann entspricht das Systemverhalten einem Kanbansystem im engeren Sinne, da auch dort keine Speicherung von Auftragsrückständen vorgesehen ist.

3.2.1 Analyse des Systemverhaltens

Wie im vorherigen Abschnitt beschrieben, wird der Systemzustand gemessen am Defizit Z des aktuellen Lagerbestands zum vollen Lager. Die möglichen Werte des Defizits sind beschränkt. Sie reichen von $Z_0 = 0$, wenn im Lager der maximale Bestand $I_{\max}$ vorhanden ist, begrenzt durch die Kanban-Anzahl K, bis zum maximalen Defizit $Z_{\max} = I_{\max} + B_{\max}$, wenn die Rückstandsobergrenze $B_{\max}$ erreicht ist.

Das System unterliegt stochastischen und unabhängigen, identisch verteilten Nachfragen mit der Dichtefunktion $\vec{d}$. In jedem EPEI steht eine Produktionskapazität von C zur Verfügung. Störungen oder Ausschuss können die Kapazität mindern, so dass sie auch als stochastischer Prozess modelliert wird, der der Verteilung $\vec{c}$ folgt[1]. Die Nachfrage und die Kapazität kann zur Arbeitsbilanz des Systems

$$X = D - C \tag{3.12}$$

zusammengefasst werden. Die Wahrscheinlichkeitsdichtefunktion der Arbeitsbilanz berechnet sich aus der Faltung:

$$\vec{x} = \vec{d} \otimes -\vec{c} \tag{3.13}$$

bzw. $x_n = \displaystyle\sum_{j=\max\{0;-n\}}^{\min\{C_{\max}, D_{\max}-n\}} d_{n+j} \cdot c_j \ \forall \ n = -C_{\max} \ldots D_{\max}$

Aus der zufälligen Arbeitsbilanz $X(T = t)$ und aus dem Systemzustand der Vorperiode $Z(t)$ ergibt sich in jeder Periode ein neuer Systemzustand, beschrieben durch das Defizit zum vollen Lager $Z(t + 1)$. Die Lagerbestände in der früheren Vergangenheit $t = 0, \ldots, n - 1$ sind für den neuen Zustand unerheblich, so dass gilt:

$$P\left(Z(t + 1) = n_{t+1} \mid Z(0) = n_0, \ldots, Z(t - 1) = n_{t-1}, Z(t) = n_t\right)$$
$$= P(Z(t + 1) = n_{t+1} \mid Z(t) = n_t). \tag{3.14}$$

Diese Gedächtnislosigkeit des Prozesses wird als *Markov-Eigenschaft* bezeichnet. Ein zustandsdiskreter Prozess mit der Markov-Eigenschaft zu den eingebetteten

---

[1]Der Fall deterministischer Produktionskapazität ist darin enthalten und kann durch eine Verteilung mit der Dichte $c_{C_{\max}} = 1$ abgebildet werden.

Zeitpunkten $t = 0, 1, \ldots$ wird als *eingebettete Markov-Kette* bezeichnet (Tran-Gia 2005, S.153f). Die bedingte Wahrscheinlichkeit $P(Z(t + 1) = n_{t+1} \mid Z(t) = n_t)$, mit der das System vom einen in den anderen Zustand übergeht, heißt *Übergangswahrscheinlichkeit*. Im modellierten Heijunka-nivellierten Kanbansystem hängt die Übergangswahrscheinlichkeit von der Arbeitsbilanz ab, die zeitunabhängig ist. Die Übergangswahrscheinlichkeit kann daher ohne Zeitindex notiert werden:

$$P(Z(t+1) = n_{t+1} \mid Z(t) = n_t) = P(Z(t+1) = j \mid Z(t) = i) = p_{ij}. \qquad (3.15)$$

Eine zeitdiskrete Markov-Kette mit Übergangswahrscheinlichkeiten, die vom Zeitpunkt unabhängig sind, bezeichnet man als *homogen* (Waldmann und Stocker 2004, S.11). Mit homogenen Markov-Ketten ist die Abbildung verschiedenster Materialflusssysteme möglich. So verwendet Lippolt (2003) die Technik, um Spielzeiten in doppeltiefen Hochregallagern zu modellieren und Schleyer (2007) analysiert damit Losbildungsprozesse.

Im beschriebenen Modell sind, abhängig von der minimalen Nachfrage, zwei Klassen von Zuständen möglich. Zustände mit $Z < D_{\min}$ sind transient, da sie nach dem einmaligen Auftreten bei der Systeminitialisierung nicht mehr erreichbar sind (vgl. auch Abbildung 3.2). Die Zustände $D_{\min} \leq Z \leq Z_{\max}$ bilden eine abgeschlossene Klasse positiv rekurrenter Zustände, da jeder Zustand von jedem anderen in endlicher Zeit erreichbar ist. Rekurrente Zustände treten im Laufe der Zeit immer wieder auf. Für sich betrachtet ist diese rekurrente Klasse irreduzibel, so dass es eine stationäre Verteilung der Zustandswahrscheinlichkeiten $\vec{z}(t)$ gibt (Waldmann und Stocker 2004, S.37f). Ferner kann man zumindest aus dem rekurrenten Zustand mit dem minimalen Defizit unmittelbar wieder in diesen Zustand zurückkehren ($p_{D_{\min}D_{\min}} > 0$). Das ist eine hinreichende Bedingung dafür, dass die Kette aperiodisch ist (Waldmann und Stocker 2004, S.41). Eine irreduzible, aperiodische Markov-Kette mit einer stationären Verteilung $\vec{z}(t)$ ist ergodisch, d. h. $\vec{z}(t) \rightarrow \vec{z}$ für $t \rightarrow \infty$. Die stationäre Verteilung der Zustandswahrscheinlichkeiten lässt sich berechnen als die Lösung des linearen Gleichungssystems:

$$P(Z = j) = z_j = \sum_i z_i p_{ij} \qquad (3.16)$$

$$z_i \geq 0, \quad \sum_i z_i = 1. \qquad (3.17)$$

Dieses Gleichungssystem ist überbestimmt, so dass man auf eine der Gleichungen von 3.16 bei der Lösung verzichten kann.

Zur Bestimmung der Zustandswahrscheinlichkeiten ist es also erforderlich, die Übergangswahrscheinlicheiten p_{ij} zu berechnen. Bei der Beschreibung der Übergangswahrscheinlichkeiten muss man in diesem System zwei Fälle unterscheiden:

- Wenn der Übergang zu einem Zustand $Z_j < Z_{\max}$ führt, wird die Produktionskapazität voll genutzt, falls $Z_i \geq C$, oder es verbleibt Brachkapazität, falls

$Z_i < C$, aber die Periodennachfrage wird in jedem Fall voll befriedigt:

$$p_{ij} = \sum_{n=\max\{0,i-j\}}^{\dagger} (d_{j-\max\{0,i-n\}} \cdot c_n) = x_{j-i}, \qquad (3.18)$$

$$\text{mit } \dagger: n \leq \begin{cases} C_{\max} & \forall\, j \leq D_{\max} \\ \min\{D_{\max} - j + i, C_{\max}\} & \forall\, j > D_{\max}. \end{cases}$$

- Falls der Zielzustand an der Rückstandsgrenze $Z_j = Z_{\max}$ liegt, kann zusätzlich zum vorher genannten Fall die aktuelle Nachfrage ganz oder teilweise verloren gehen:

$$\begin{aligned} p_{ij} &= x_{j-i} + \sum_{n=0}^{\min\{C_{\max},D_{\max}+i-j-1\}} \left(c_n \cdot \sum_{k=j+1-\max\{0,i-n\}}^{D_{\max}} d_k \right) \\ &= x_{j-i} + \sum_{n=j-i+1}^{X_{\max}} x_n. \end{aligned} \qquad (3.19)$$

3.2.2 Berechnung wichtiger logistischer Parameter

Aus den Zustandswahrscheinlichkeiten der Markov-Kette lassen sich die für den Betrieb des Heijunka-nivellierten Systems entscheidenden logistischen Parameter ableiten. Die Verteilung der Wahrscheinlichkeitsdichte für den Bestand $\vec{i}$ und für den Auftragsrückstand $\vec{b}$ ergibt sich aus den Formeln 3.1 und 3.2 und der Wahrscheinlichkeitsdichte für das Defizit $\vec{z}$:

$$i_n = \begin{cases} \sum_{j=K}^{Z_{\max}} z_j & \text{falls } n = 0 \\ z_{K-n} & \forall\, 0 < n \leq K \end{cases} \quad \text{bzw.} \quad b_n = \begin{cases} \sum_{j=0}^{K} z_j & \text{falls } n = 0 \\ z_{n+K} & \forall\, 0 < n \leq B_{\max}. \end{cases} \qquad (3.20)$$

Der wirtschaftlich relevante mittlere Bestand kann aus der Verteilung $\vec{i}$ gemäß Formel 3.5 berechnet werden.

Weiterhin von logistischem Interesse sind die tatsächlichen Produktionsmengen wegen der damit verbunden Mitarbeiter- und Anlagenbelastung sowie dem Verbrauch an Vormaterialien. Die Produktionsmenge ist abhängig vom aktuellen Defizit zum Grundbestandsniveau und von der Produktionskapazität. Eine Produktionsmenge von n kann auftreten, wenn das Defizit genau n beträgt und die Kapazität größer oder gleich n ist, oder wenn das Defizit größer ist als n und die Kapazität genau n Einheiten beträgt:

$$pr_n = z_n \cdot \left(1 - \sum_{m=0}^{n-1} c_m\right) + \left(1 - \sum_{m=0}^{n} z_m\right) \cdot c_n \ \forall\, n = 0, 1 \ldots c_{\max}. \qquad (3.21)$$

Mit der Wahrscheinlichkeitsdichte der Produktionsmenge kann der nivellierende Effekt von Heijunka abgeleitet werden, als die Variabilität der auf das System wirkenden Nachfrage, im Verhältnis zur Variabilität, die an die Lieferanten weitergegeben wird:

$$v = \frac{\text{SCV}(Pr)}{\text{SCV}(D)}. \tag{3.22}$$

Für die Kunden von besonderem Interesse und von wirtschaftlicher Bedeutung für das Unternehmen selbst ist der Erfüllungsgrad der Nachfrage. Die Erfüllung der Nachfrage kann unter verschiedenen Aspekten gemessen werden. Eine in der Praxis weit verbreitete Kennzahl ist der α-Lieferbereitschaftsgrad, der die Häufigkeit termingerecht erfüllter Nachfragen misst im Verhältnis zur Gesamthäufigkeit der Nachfragen. Geht man davon aus, dass in jedem EPEI nur eine Nachfrage eintrifft, d. h. die Nachfrageverteilung nicht aus mehreren Einzelnachfragen zusammengesetzt ist, genügt es, die Zustandswahrscheinlichkeiten aufzusummieren, bei denen nach dem Eintreffen der Nachfrage kein Rückstand vorhanden war:

$$\alpha = \sum_{n=0}^{K} z_n. \tag{3.23}$$

Dies ist die Wahrscheinlichkeit, dass die Nachfragen einer Periode komplett ohne Wartezeit erfüllt werden können. Wenn Kunden warten müssen, ist es oft entscheidend wie lange sie warten müssen. Falls die Produktionskapazitäten deterministisch sind, bietet die Heijunka-Nivellierung den Vorteil, dass den Kunden klare Termine genannt werden können. Bei einem Auftragsrückstand von B beträgt die Wartezeit

$$W = \left\lceil \frac{B}{C} \right\rceil \tag{3.24}$$

Perioden, bis die betreffende Nachfrage voll erfüllt werden kann. Bei der Auslegung des Bestands ist weniger die einzelne Wartezeit, als viel mehr die Wartezeitverteilung interessant. Zur Bestimmung der Wartezeitverteilung ist es erforderlich, die Systementwicklung entsprechend der Wartezeitdauer nachzuvollziehen, denn bei einer Wartezeit von mehreren Perioden ist die Vergangenheit seit dem Eintreffen der Nachfrage relevant. Die Betrachtung beginnt mit dem Zustand Z^* zur Periodenmitte, nach der Produktion. Für eine dann eintreffende Nachfrage $D > 0$ ist die Wahrscheinlichkeit w_n, dass eine Periodennachfrage nach einer Wartezeit von $W = n$ EPEI-Zyklen komplett erfüllt wird:

$$w_n = \frac{1}{1 - d_0} \sum_{j=0}^{Z_{\max}-1} z_j^* \cdot \omega(W = n \mid Z^* = j). \tag{3.25}$$

Darin ist $\omega(n \mid j)$ die bedingte Wahrscheinlichkeit einer Wartezeit von $W = n$ EPEIs in einem Zustand nach der Produktion von $Z^* = j$. Für die Wahrscheinlichkeitsdichte zur Periodenmitte gilt:

$$z_j^* = \begin{cases} \sum_{q=0}^{C_{\max}} \left(z_q \cdot \sum_{m=q}^{C_{\max}} c_m \right) & \text{für } j = 0 \\ \sum_{q=j}^{C_{\max}+j} \left(z_q \cdot c_{q-j} \right) & \forall \ j > 0. \end{cases} \tag{3.26}$$

Die Wahrscheinlichkeit, dass eine Nachfrage im Zustand $Z^* = j$ ohne Verzögerung komplett bedient werden kann, lautet:

$$\omega(0 \mid j) = \sum_{n=1}^{\min\{K-j,D_{\max}\}} d_n. \tag{3.27}$$

Nach einem Zeitintervall kann eine Nachfrage bedient werden, wenn die Nachfrage zu einem Auftragsrückstand führt, in der Folgeperiode aber mindestens diese Menge produziert wird:

$$\omega(1 \mid j) = \sum_{n=\max\{0,K-j+1\}}^{D_{\max}} \left(d_n \cdot \sum_{m=\min\{n+j,Z_{\max}\}-K}^{C_{\max}} c_m \right). \tag{3.28}$$

Eine Wartezeit von genau zwei EPEIs tritt auf, wenn eine Nachfrage zu einem Auftragsrückstand führt, die Kapazität in der Folgeperiode zu klein ist, diesen Rückstand voll auszugleichen, und in der übernächsten Periode die Produktionsmenge mindestens ausreicht, um den Rückstand auszugleichen:

$$\omega(2 \mid j) = \sum_{n=\max\{0,K-j+1\}}^{D_{\max}} \left(d_n \cdot \sum_{q=0}^{\substack{\min\{\min\{n+j,Z_{\max}\}\\-K-1,C_{\max}\}}} \left(c_q \cdot \sum_{m=\min\{n+j,Z_{\max}\}-K-q}^{C_{\max}} c_m \right) \right) \tag{3.29}$$

Für jede größere Wartezeit, muss man die Rekursion analog erweitern. Ist es möglich, dass die Produktion in einzelnen Perioden ganz ausfällt (d. h. $c_0 > 0$), sind theoretisch unendlich lange Wartezeiten möglich. Die Berechnung muss daher abgebrochen werden, sobald die verbleibende Wahrscheinlichkeitsmasse kleiner als die akzeptierte Genauigkeit ϵ wird.

Die Nachfrage in diesem Bestandsmodell der Heijunka-nivellierten Produktion kann nicht nur direkt beliefert werden oder nach einer gewissen Wartezeit, sondern sie kann auch verloren gehen, bzw. in einem Sonderprozess erfüllt werden, wenn die Auftragsrückstandsgrenze überschritten wird. Die mittlere Nachfragemenge, die davon betroffen ist, kann man aus der Differenz der Gesamtnachfrage und der regulären Produktion (gemäß 3.21) berechnen:

$$E(V) = E(D) - E(Pr) \tag{3.30}$$

Die relative Häufigkeit der EPEI-Zyklen mit überschrittener Rückstandsgrenze („lost sales"), kann mit den Zustandswahrscheinlichkeiten und der Arbeitsbilanz bestimmt werden:

$$\lambda = \sum_{n=0}^{Z_{\max}} \left(z_n \cdot \sum_{j=Z_{\max}-n+1}^{X_{\max}} x_j \right) \tag{3.31}$$

3.3 Heijunka-nivelliertes Kanbansystem ohne Begrenzung des Auftragsrückstands

Lässt man bei einer Heijunka-Nivellierung auf Produktebene unbegrenzt große Auftragsrückstände zu, gleicht das System einem einstufigen kapazitätsbeschränkten Grundbestandssystem (engl.: „capacitated base-stock system"). In mathematischen Bestandsmodellen werden Kapazitätsgrenzen häufig durch die Annahme nachfrageunabhängiger Lieferzeiten vereinfacht abgebildet (Axsäter 2006, S.171). Gerade im Fall der Grundbestandssysteme gibt es aber inzwischen eine Reihe von Veröffentlichungen, die verschiedene Aspekte von Systemen mit Kapazitätsgrenzen beleuchten (Tayur 1996).

Tayur (1993) beschreibt zwei Ansätze, die auch zur Modellierung Heijunka-nivellierter Kanbansysteme ohne Begrenzung des Auftragsrückstands geeignet sind. Bei beiden Ansätzen muss die Kapazität jedoch deterministisch sein, so dass sie nur zur Abbildung sehr stabiler Produktionsprozesse geeignet sind. Zunächst verweist Tayur auf die Gemeinsamkeiten kapazitierter Grundbestandssysteme mit dem stochastischen Modell für Staudämme (vgl. Tabelle 3.1). Das Problem des Damm-Modells mit einer Staumauer unbegrenzter Höhe, stochastischen Zuflüssen aufgrund von Regen und einer festen Durchlasskapazität wurde erstmals von Moran (1959, S.39-66) formuliert. Es gelingt Tayur, die Äquivalenz des Stauseepegels mit dem Defizit im Bestandsmodell zu zeigen. Die stationäre Verteilung des Wasserinhalts konnte Prabhu (1965, S.216-218) für den Fall einer diskreten Verteilung der Zuflüsse in den See und für den Fall gammaverteilter Zuflüsse herleiten.

Der zweite Ansatz bei Tayur (1993) ist ein rekursives Approximationsverfahren, das ebenfalls für den Fall deterministischer Kapazitäten geeignet ist. Der Autor zeigt die Äquivalenz eines einstufigen, kapazitierten Grundbestandssystems mit dem Bestand der letzten Stufe einer unendlich-stufigen unkapazitierten Kette, in der auf jeder Stufe eine Grundbestandspolitik[2] verfolgt wird. Die Kapazitätsbeschränkung $C = j$ im unendlich-stufigen System entsteht dadurch, dass mit jeder Stufe vom Kunden weg das Grundbestandsniveau um genau j steigt. Im Verfahren wird die jeweils nächste Iteration, durch eine spezielle Faltungsoperation der vorherigen Appro-

---

[2]Bei einer mehrstufigen Grundbestandspolitik wird so bestellt/produziert, dass der disponible Bestand (= physischer Bestand - Vormerkungen durch Kunden + getätigte Bestellungen/geplante Produktion), der sich zwischen der betrachteten Stufe und dem Endkunden befindet, konstant gehalten wird.

Damm-Modell		Bestandsmodell
Maximale Abflussmenge	⇔	Kapazität
Wasserinhalt	⇔	Defizit (noch nicht produzierte Menge)
Leerer Stausee	⇔	Maximaler Bestand (Grundbestand) erreicht
Regen	⇔	Nachfrage
Gefahrenniveau überschritten	⇔	Auftragsrückstand

Tabelle 3.1: Gemeinsamkeiten des stochastischen Modells für einen unendlich großen Staudamm mit dem Modell eines kapazitierten Grundbestandssystems (Tayur 1996).

ximation mit der Nachfrageverteilung erreicht. Die Ergebnisses des Modells gelten für beliebig (auch kontinuierlich) verteilte Kundennachfragen, wobei die Genauigkeit der Ergebnisse beschränkt ist durch die Anzahl der abgebildeten Stufen. Das Verfahren konvergiert bei hohen Auslastungen nur langsam und die Rekursion ist analytisch nur für einfache Nachfrageverteilungen und für wenige Stufen durchführbar (vgl. Abbildung 3.4). Letztlich sind Lösungen mit guter Genauigkeit doch nur numerisch zu bestimmen, was in jedem Fall eine Diskretisierung der Nachfrageverteilung erfordert. Das Modell von Tayur hat damit keine echten Vorteile gegenüber dem Damm-Modell und es ist zudem weniger effizient zu lösen. Der rekursive Ansatz bleibt daher ohne praktische Relevanz.

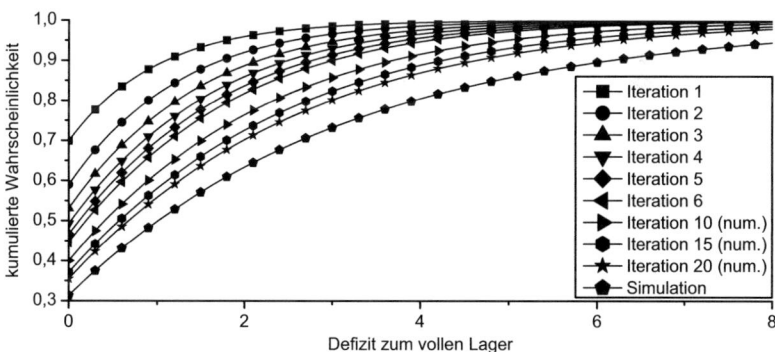

Abbildung 3.4: Konvergenzverhalten des rekursiven Verfahrens bei exponentialverteilter Nachfrage und 83% Auslastung.

Gibt es Störungen im Produktionsprozess oder Leistungsschwankungen bei Mitarbeitern und Maschinen, kann die Ausbringung des nivellierten Produktionsprozesses schwanken, obgleich in jedem EPEI-Zyklus gleich große Zeitscheiben für das betreffende Produkt reserviert sind. Das Damm-Modell, das eine deterministische Kapazität unterstellt, ist zur Beschreibung eines solchen Systems nur bedingt geeignet. Bei der Suche nach Modellen zur Beschreibung kapazitierter Grundbestandssysteme ist Güllü (1998) auf eine Analogie zu zeitdiskreten Bediensystemen gestoßen, die auch zur Beschreibung der Heijunka-Nivellierung auf Produktebene genutzt werden kann. Der Zustand des Bediensystems wird beschrieben durch die Wartezeit, die ein ankommender Kunde erfährt. Die Wartezeit $T^W(n+1)$ des $n+1$-ten Kunden hängt ab davon, wie lange der Kunde n warten muss, der zuletzt angekommen ist, wie lange die Bedienzeit n-ten Kunden $T^B(n)$ dauert und wieviel Zeit $T^A(n)$ verstreicht zwischen der Ankunft des n-ten und der des $n+1$-ten Kunden. Ist die Summe aus Wartezeit und Bedienzeit des vorherigen Kunden geringer als die Zwischenankunftszeit, muss der neu eintreffende Kunde nicht warten. Damit entspricht die Wartezeit im Bediensystem dem Defizit zum Maximalbestand im Heijunka-nivellierten System ohne Rückstandsbeschränkung. Denn der Rückstand nach der Produktion $Z^*(n+1)$ hängt davon ab, wie groß das Defizit nach der vorherigen Produktion war, wie groß die vorangegangene Nachfrage war und wieviel produziert wurde im aktuellen Zyklus. Ist die Produktionskapazität größer als das Defizit zu Beginn der $n+1$-ten Periode, ist das Defizit zur Periodenmitte gleich Null. Mathematisch kann man diesen, für Bediensysteme als „Lindleys Gleichung" (Arnold und Furmans 2009, S.151) bekannten Zusammenhang formulieren als

$$Z^*(T = n+1) = \max\{(Z^*(n) + D(n) - C(n+1)); 0\}$$
$$\Updownarrow \qquad\qquad\qquad\qquad\qquad\qquad (3.32)$$
$$T^W(T = n+1) = \max\{(T^W(n) + T^B(n) - T^A(n)); 0\}.$$

Haben die Nachfrage D_n und die Bedienzeit T_n^B sowie die Produktionskapazität C_{n+1} und die Zwischenankunftszeit T_n^A jeweils dieselben Realisierungen und geht man davon aus, dass beide Prozesse denselben Startpunkt haben $(Z^*(T = 1) = T^W(1) = 0)$, so entwickeln sich auch die Wartezeit $T^W(T = n)$ und das Defizit $Z^*(n)$ parallel und folgen derselben Wahrscheinlichkeitsverteilung. Denn wenn gilt, dass $Z^*(T = 1) = T^W(1) = 0$ und $Z^*(T = 2) = \max\{(Z^*(1)+D(1)-C(2)); 0\} = T_2^W$ ist und wenn für jedes $Z^*(T = n+1)$ und $T^W(n+1)$ die Relation gemäß Gleichung 3.32 erfüllt ist, so ist per Induktion jedes $Z^*(n) = T^W(n)$ für $n \geq 1$. Der Vergleich aus Gleichung 3.32 zeigt, dass die Nachfrage der Bedienzeit im Warteschlangenmodell und die Produktionskapazität der Zwischenankunftszeit entspricht. Somit ist einer deterministisch arbeitenden Produktionsressource das D/G/1-System das äquivalente Warteschlangenmodell zu einem heijunka-nivellierten Produktionssystem mit unbegrenztem Auftragsrückstand.

Zur weiteren Analyse wird, wie schon beim Modell mit begrenztem Auftragsrückstand, auf die Arbeitsbilanz als Differenz von Nachfrage und Produktionskapazität zurückgegriffen $(X(t = n) = D(n) - C(n+1))$. Da die Nachfrage und die Kapazität identisch und unabhängig verteilt sind, ist auch hier der Zeitindex verzichtbar und die Dichtefunktion $\bar{x}$ der Arbeitsbilanz entspricht Gleichung 3.13. Damit kann Gleichung 3.32 in diskreter Form notiert werden als

$$z_j^* = \begin{cases} \sum_{i=0}^{\infty} (z_i^* \cdot x_{j-i}) & \forall\ j = 0, 1, 2 \ldots \\ 0 & \forall\ j < 0. \end{cases} \tag{3.33}$$

Zur Lösung von Gleichung 3.33 kann eines der drei Verfahren nach Grassmann und Jain (1989) verwendet werden, deren Grundlage die Analyse zufälliger Irrfahrten ist. Charakteristisch für zufällige Irrfahrten sind Zeitpunkte und Werte von Rekordmarken, die als Leiterindizes und Leiterhöhen bezeichnet werden (Arnold und Furmans 2009, S.158f). Um die Leiterindexverteilung zu bestimmen, wird die wahrscheinlichkeitserzeugende Funktion der Arbeitsbilanz[3] mit der Wiener-Hopf-Faktorisierung zerlegt (Prabhu 1980, S.39):

$$1 - uE(e^{i\omega X_n}) = [1 - E(u^{\alpha} e^{i\omega S_\alpha})][1 - E(u^{\beta} e^{i\omega S_\beta})], \tag{3.34}$$

mit $0 < u < 1$, $\omega \in \mathbb{R}$, $i = \sqrt{-1}$, der Verteilung der stark aufsteigenden Leiterindizes α und den zugehörigen Leiterhöhen S_α sowie der Verteilung der schwach absteigenden Leiterindizes β und den zugehörigen Leiterhöhen S_β. Mit der Umformung $\alpha_0' = \beta_0$ und $\alpha_i' = \alpha_i(1 - \beta_0)$ bestimmen Grassmann und Jain die Leiterindexverteilungen im „Algorithmus 1" mit folgender Iteration:

1. Initialisierung: $\beta_j^0 = 0$, $j = 0, 1, 2 \ldots (-X_{\min})$; $\alpha_i'^0 = 0$, $i = 1, 2, \ldots X_{\max}$
2. Berechne für $m = 0, 1, 2, \ldots$

   a)
   $$\beta_j^{m+1} = x_{-j} + \sum_{n=1}^{\infty} \frac{\alpha_n'^m \beta_{n+j}^m}{1 - \beta_0^m} \quad \forall\ n = 0, 1, \ldots (-X_{\min}) \tag{3.35}$$

   b)
   $$\alpha_j'^{m+1} = x_j + \sum_{n=1}^{\infty} \frac{\alpha_{n+j}'^m \beta_n^m}{1 - \beta_0^m} \quad \forall\ n = 0, 1, \ldots X_{\max} \tag{3.36}$$

   solange, bis $|\alpha_n'^m - \alpha_n'^{m+1}| < \epsilon \quad \forall\ i = 0, 1 \ldots X_{\max}$.

3. Die Verteilung ungenutzter Kapazitäten entspricht der Brachzeitverteilung im Bediensystem (Tabelle 3.2) und kann direkt aus den β_i übernommen werden.
4. Die Verteilung der Zustandswahrscheinlichkeiten muss hingegen noch aus den aufsteigenden Leiterindizes errechnet werden:

$$z_0^* = 1 - \frac{\sum_{n=1}^{X_{\max}} \alpha_n'}{1 - \beta_0} \tag{3.37}$$

$$z_j^* = \frac{\sum_{n=1}^{X_{\max}} z_{j-n}^* \alpha_n'}{1 - \beta_0}. \tag{3.38}$$

---

[3]Eine ausführliche Darstellung zu erzeugenden Funktionen bietet Schmidt (2009, S.370-376).

Bediensystem		Bestandsmodell
Zwischenankunftszeit T_n^A	$\Leftrightarrow$	Stochastische Kapazität C_n
Bedienzeit T_n^B	$\Leftrightarrow$	Stochastische Nachfrage D_n
Verweilzeit des Kunden n, T_n^V	$\Leftrightarrow$	Defizit Z_n gegenüber vollem Lager zu Beginn der Periode n
Wartezeit des Kunden n, T_n^W	$\Leftrightarrow$	Defizit Z_n^* gegenüber vollem Lager nach der Produktion in Periode n
Anzahl bedienter Kunden in einer Arbeitsperiode („busy period")	$\Leftrightarrow$	Anzahl EPEI-Zyklen zwischen zwei aufeinanderfolgenden Besuchen des Zielbestands K
Brachzeit, die endet mit der Ankunft von Kunde n, T_n^B	$\Leftrightarrow$	Ungenutzte Kapazität im EPEI-Zyklus n, κ_n
Verweilzeit des Kunden n überschreitet K	$\Leftrightarrow$	Auftragsrückstand tritt zum Ende der Periode n auf
Anzahl wartender Kunden in der Schlange	$\Leftrightarrow$	Anzahl der EPEI-Zyklen, bis zur Erholung des Systems auf Zielbestand K

Tabelle 3.2: Gemeinsamkeiten von zeitdiskreten Bediensystemen mit Heijunka-nivellierten Kanbansystemen (in Anlehnung an Güllü (1998)).

Mit diesem Ergebnis können alle weiteren Kennzahlen des Systems bestimmt werden. Die Zustandswahrscheinlichkeiten am Periodenbeginn entsprechen den Verweilzeiten im Bediensystem und berechnen sich durch die Faltung der Zustände zur Periodenmitte mit der Nachfrageverteilung:

$$\vec{z} = \vec{z}^* \otimes \vec{d} \tag{3.39}$$

Die tatsächliche Produktionsmenge, die den Verbrauch von Vorprodukten induziert, kann genauso wie im Fall begrenzter Auftragsrückstände gemäß Gleichung 3.21 berechnet werden. Auch für den Anteil der Perioden, in denen die Nachfrage ohne Verzögerung bedient werden kann, gilt Gleichung 3.23 analog. Weitere Kennzahlen mit einer Entsprechung im Bediensystem sind in Tabelle 3.2 aufgeführt.

3.4 Berücksichtigung der Lieferzeit

In den bisher vorgestellten Modellen mit und ohne Beschränkung des Auftragsrückstands wurde stets angenommen, dass die Produktionsmenge aufgrund des aktuellen Defizits Z geplant wird und dass diese Menge zur Befriedigung der unmittelbar anschließend eintreffenden Nachfrage verfügbar ist. Tatsächlich vergeht in vielen Produktionsumgebungen zwischen der operativen Produktionsplanung und der Bereitstellung der Fertigware zur Auslieferung an den Kunden einige Zeit. Selbst wenn die Planung einer einfachen Montage gilt, können leicht zwei oder mehr Tage vergehen, da die Planung oft nur einmal täglich vorgenommen wird, die Montage selbst einige Stunden in Anspruch nimmt und schließlich die Fertigware noch von der Montagelinie zum Fertigwarenlager verbracht werden muss, bevor der Versand erfolgen kann. Beträgt das EPEI beispielsweise nur eine Schicht, müssen mehrere Nachfragen aus dem vorhandenen Bestand überbrückt werden.

Der Bestand gemäß Gleichungen 3.16 bzw. 3.39 in Verbindung mit 3.1 ist dann nur noch der disponible Bestand I^{dis}, von dem nur ein Teil physisch zur Auslieferung verfügbar ist. In den beschriebenen Systemen ist der disponible Bestand gleich dem physischen Lagerbestand I^{phy} zuzüglich der Mengen, die bereits in den n vergangenen EPEIs in die Produktion eingelastet wurden, aber das Lager noch nicht erreicht haben:

$$I^{dis}(t) = I^{phy}(t) + \sum_{j=1}^{n} Pr(t-j). \tag{3.40}$$

Da sich die Planung der Produktionsmengen am disponiblen Lagerbestand orientiert, ist das Verhalten des disponiblen Bestands mit Lieferzeit im Prinzip dasselbe wie ohne Lieferzeit, solange sichergestellt ist, dass bei vorhandenen Kundenaufträgen und ausreichender Produktionskapazität auch immer die entsprechende Kanban-Anzahl zur Produktionsfreigabe verfügbar ist und nicht alle Kanban im Produktionsprozess gebunden sind. Dazu muss analog zur Bedingung von Gleichung 3.11 gelten, dass die Kanban-Anzahl größer ist als die maximale Produktionsmenge in der Produktionsdurchlaufzeit: $K \geq n \cdot C_{\max}$. In der industriellen Praxis ist diese Bedingung sinnvoll, nur in theoretisch denkbaren Ausnahmefällen stellt diese Bedingung eine Einschränkung dar. Bei einer relativ stabilen Nachfrage und einem Produktionsprozess mit seltenen aber sehr großen Kapazitätsspitzen, kann diese Bedingung bestandtreibend wirken. Allerdings stellt sich die Frage, ob in diesem Fall vor der Einführung schlanker Produktionsmethoden nicht die Reife der Produktionsprozesse verbessert werden sollte.

Zur termingerechten Erfüllung der Nachfrage ist der physische Lagerbestand relevant. Die Formel, mit der man den physischen Lagerbestand berechnet, ist leicht herzuleiten, wenn man die Entwicklung des disponiblen Lagerbestands über der Zeit verwendet. Der aktuelle disponible Bestand entspricht dem disponiblen Bestand vor n Perioden zuzüglich der in der Zwischenzeit produzierten Menge und abzüglich der Kundennachfrage in dieser Zeit:

$$I^{dis}(t) = I^{dis}(t-n) + \sum_{j=1}^{n} Pr(t-j) - \sum_{j=1}^{n} D(t-j). \tag{3.41}$$

Wenn nun Gleichung 3.41 in Gleichung 3.40 eingesetzt wird, erhält den disponiblen Bestand als

$$I^{dis}(t-n) = I^{phy}(t) + \sum_{j=1}^{n} D(t-j). \tag{3.42}$$

Weil Auftragsrückstände möglich sind, ist es wiederum einfacher, zur Berechnung das Defizit zum vollem Lager zu verwenden an Stelle des intuitiv leichter verständlichen Bestands. Da das Defizit durch Nachfragen größer wird, kehrt sich das entsprechende Vorzeichen in Gleichung 3.42 um und man erhält:

$$Z^{phy}(t-n) = Z^{dis}(t) - \sum_{j=1}^{n} D(t-j). \tag{3.43}$$

Mit diesem Ergebnis lässt sich das physische Defizit im Falle einer Lieferzeit leicht bestimmen. Die Nachfrage ist als unabhängig identisch verteilte Zufallsvariable modelliert, d. h. sie ist weder mit sich selbst, noch mit dem disponiblen Defizit korreliert. Daher ist der Faltungsoperator zur Berechnung der Addition der Wahrscheinlichkeitsdichten gemäß Gleichung 3.42 anwendbar. Dargestellt über das Defizit zum Maximalbestand gilt bei einer Lieferzeit von n EPEIs

$$\vec{z}^{phy} = \vec{z} \otimes \underbrace{\vec{d} \otimes \cdots \otimes \vec{d}}_{n\text{-fach}} = \vec{z} \otimes \vec{d}^{n\otimes}. \tag{3.44}$$

Der physische Bestand kann daraus mit der Kanban-Anzahl und Gleichung 3.20 bestimmt werden. Der Servicegrad, mit dem die Nachfrage einer Periode unmittelbar erfüllt werden kann, lässt sich aus dem physischen Defizit entsprechend Gleichung 3.23 ableiten.

4 Bestandsauslegung in Heijunka-nivellierten Kanbansystemen

Nicht mit Erfindungen, sondern mit Verbesserungen macht man Vermögen
Henry Ford

Im vorhergehenden Kapitel wurden Modelle zur Berechnung der logistischen Kennzahlen von Heijunka-nivellierten Kanbansystemen, die vollständig parametrisiert sind, vorgestellt. Darauf aufbauend sollen in diesem Kapitel Verfahren entwickelt werden, mit denen die optimalen Parameter für Heijunka-nivellierte Systeme berechnet werden können. Stehen die EPEIs und damit die Rüstintervalle fest, verbleiben als Entscheidungsgrößen die Anzahl der Kanbans im System sowie, zumindest in gewissem Umfang, die reservierte Kapazität in jedem Zyklus.

Den Verfahren dieses Kapitels liegt die Annahme zu Grunde, dass Kostensätze für verschiedene logistische Parameter angebbar sind. Bereits in Kapitel 2 wurde angedeutet, wie problematisch es in der Praxis sein kann, geeignete Kostensätze zu bestimmen. Die folgenden Modelle haben dennoch praktische Relevanz, da sie nur die korrekte Bestimmung von Kostenrelationen zueinander erfordern, während die absoluten Größen irrelevant sind. Darüber hinaus kann man mit den Modellen Sensitivitätsanalysen durchführen, von denen der Anwender Gestaltungsregeln für das reale System ableiten kann. Wenn dann Erfahrungen mit dem Verhalten des konkreten Produktionssystems gesammelt wurden, können diese in die Bewertung der Randbedingungen und die Wahl der Parameter einfließen. Dieses Vorgehen entspricht dem Gedanken der ständigen Verbesserung in schlanken Produktionssystemen.

In Abschnitt 4.1 wird zunächst davon ausgegangen, dass die Nachfrage und die Produktionskapazität stabil sind, d. h. die zufälligen Realisierungen auf jeweils nur einer Verteilungsfunktion basieren. Anschließend werden in Abschnitt 4.2 erweiterte Modelle vorgestellt, in denen sich die Verteilungsfunktion der Nachfrage saisonal ändern kann.

4.1 Optimierung im stationären Fall

Die Modellierung des Heijunka-nivellierten Kanbansystems in diesem Abschnitt entspricht dem Modell mit unbeschränktem Auftragsrückstand aus Abschnitt 3.3, da hierfür eine geschlossene Lösung angegeben werden kann. Zunächst wird angenommen, dass die verfügbare Kapazität in jedem EPEI extern vorgegeben ist und der optimale Grundbestand gesucht ist. Anschließend folgt in Abschnitt 4.1.2 eine Betrachtung für den Fall, dass die Kapazität in einem Zyklus wählbar ist.

4.1.1 Optimaler Bestand

Laut Duden (2007) bedeutet *optimal* „unter den gegebenen Voraussetzungen, im Hinblick auf ein zu erreichendes Ziel bestmöglich". Als Voraussetzung ist in diesem Fall das Verhalten des Heijunka-nivellierten Systems unter dem Einfluss der stochastischen Nachfrage und der Produktionskapazität gegeben. Das Ziel ist es, die Kosten zu minimieren, die einerseits für die Lagerhaltung und andererseits im Falle der Lieferunfähigkeit durch Fehlmengen entstehen.

In der Praxis können sich die Kosten auf unterschiedlichste Weise mit der Menge entwickeln. So gibt es bei der Lagerhaltung Kosten, die mit einer Sprungfunktion beschreibbar sind, wie z. B. die Kosten für das Lagergebäude. Dagegen entwickeln sich die Kapitalbindungskosten in einem gewissen Bereich linear mit dem Bestand, andere Kostenfaktoren wachsen überproportional, wie z. B. der Such- und Fahraufwand, während an anderer Stelle wiederum möglicherweise Skaleneffekte erzielbar sind, z. B. bei der Handhabung. Da die genaue Kostenentwicklung sehr vom Einzelfall abhängt, sei hier vereinfachend eine lineare Kostenfunktion angenommen, mit dem Lagerhaltungskostensatz k_{Lager} und einem Fehlbestandskostensatz von $k_{\text{Rückstand}}$ Geldeinheiten je EPEI. Die durchschnittlichen Kosten je EPEI bei einer Kanbanzahl von K hängen damit vom Erwartungswert des Lagerbestands und vom Erwartungswert des Fehlbestands ab:

$$
\begin{aligned}
L(K) &= k_{\text{Lager}} \cdot E(I) + k_{\text{Rückstand}} \cdot E(B) \\
&= k_{\text{Lager}} \cdot E(K - Z)^+ + k_{\text{Rückstand}} \cdot \mathbf{E}(Z - K)^+
\end{aligned}
\tag{4.1}
$$

Diese Definition der Kosten entspricht Güllü (1998), der allerdings den kostenbestimmenden Bestand bzw. Fehlbestand zu einem Zeitpunkt misst, der der Periodenmitte des hier beschriebenen Systems entspricht, so dass sein Ergebnis etwas von dem der folgenden Herleitung abweicht. Mit der Wahrscheinlichkeitsdichte des Defizits kann Gleichung 4.1 formuliert werden als:

$$
L(K) = k_{\text{Lager}} \cdot \sum_{m=0}^{K} [(K - m) \cdot z_m] + k_{\text{Rückstand}} \cdot \sum_{m=K}^{\infty} [(m - K) \cdot z_m].
\tag{4.2}
$$

Als Näherung kann man die diskrete Form von Gleichung 4.2 in eine stetige Form überführen und erhält:

$$L(K) = k_{\text{Lager}} \cdot \int_{z=0}^{K} (K-z)dz + k_{\text{Rückstand}} \cdot K \cdot z_0 + k_{\text{Rückstand}} \cdot \int_{z=K}^{\infty} (z-K)dz. \quad (4.3)$$

Aus Gleichung 4.3 kann das K^* mit den minimalen Kosten L^* durch Ableiten nach K und Nullsetzen bestimmt werden. Die Lösung lautet damit:

$$\int^{m=K^*} dz = \frac{k_{\text{Rückstand}}}{k_{\text{Rückstand}} + k_{\text{Lager}}}. \quad (4.4)$$

Da die Kostenfunktion konvex ist, sind die Kosten bei K^* in jedem Fall minimal (Güllü 1998). Anschaulich bedeutet die Lösung, dass die Kanbanzahl so zu wählen ist, dass der α-Servicegrad dem Quotienten der Kostensätze entspricht. Dieser Zusammenhang ist in der Logistik auch als Lösung des sogenannten „newsvendor" oder „newsboy" Problems bekannt (Khouja 1999).

In der Praxis ist die Ermittlung der Kostensätze oft mit großem Aufwand verbunden. Daher wird häufig direkt ein anzustrebender Servicegrad vorgegeben, ohne die genauen Kosten zu bestimmen, die mit der Lagerhaltung, bzw. mit Wartezeiten für Kunden verbunden sind. Implizit werden durch die Servicegrad-Vorgaben Abschätzungen über die Kostenrelationen getroffen, wie man aus Gleichung 4.4 ablesen kann. So ist ein Servicegrad von 95% anzustreben, wenn es neunzehn Mal teurer ist, einen Kunden auf ein Stück warten zu lassen, als ein Stück zu lagern.

4.1.2 Auslegung der Kapazität

Im vorhergehenden Abschnitt wurde die optimale Bestandshöhe unter der Annahme vorgegebener Kapazitäten hergeleitet. Im Folgenden wird gezeigt, dass die bereitgestellte Kapazität jedoch einen Einfluss auf die Bestandskosten hat. Da bei der Auslegung eines Heijunka-nivellierten Systems in der Regel auch die Kapazität gestaltbar ist, wobei für größere Kapazitäten höhere Kosten anfallen, wird die Kostenfunktion 4.1 erweitert um die je EPEI entstehenden Kosten für die Bereitstellung von Produktionskapazität:

$$L(K, \vec{C}_{j=n}) = k_{\text{Lager}} \cdot E(I) + k_{\text{Rückstand}} \cdot E(B) + \kappa_{\vec{C}_n} \quad (4.5)$$

Zunächst müssen die zur Wahl stehenden Kapazitäten $\vec{C}_j$ nicht notwendigerweise einer Dirac-Verteilung folgen, d. h. deterministisch sein. Allerdings wird angenommen, dass die verfügbare Kapazität bei der Wahl von $\vec{C}_{j=n}$ stets kleiner ist als die bei $\vec{C}_{n+1}$ und dass die geringere Kapazität auch zu geringeren Kosten führt ($\kappa_{\vec{C}_{j=n}} < \kappa_{\vec{C}_{n+1}}$).

Satz 1. *Sei $C_1 < C_2$, dann gilt c. p. $L(K_1^*, \vec{C}_1) - \kappa_{\vec{C}_1} > L(K_2^*, \vec{C}_2) - \kappa_{\vec{C}_2}$, d. h. ist die Produktionskapazität im System 1 kleiner als im System 2, dann ist die optimale Summe von Lagerhaltungs- und Fehlbestandskosten größer, bei sonst gleichen Bedingungen.*

Beweis. Güllü (1998) zeigt, dass die Kanbanzahl K_1^* optimal ist, wenn man bei C_1 eine modifizierte Basestock-Politik Π_1 verfolgt und dass K_2^* ($< K_1^*$) bei Π_2 mit C_2 optimal ist. Steht C_2 zur Verfügung, ist es möglich, davon nur die Kapazität C_1 zu nutzen und die Politik Π_1 mit dann optimaler Kanbanzahl K_1^* zu verfolgen. Die Politik Π_1 ist jedoch bei verfügbarer Kapazität C_2 keine modifizierte Basestock-Politik im Sinne von Federgruen und Zipkin (1986a) und damit nicht optimal hinsichtlich der Lagerhaltungs- und Fehlbestandskosten. Die Politik Π_2 mit K_2^* muss somit kostengünstiger sein als Π_1 mit K_1^*. □

Bei der Auslegung der Kapazität stehen somit die Kapazitätskosten mit den Bestands- und Fehlmengenkosten in Konkurrenz. Zu beachten ist, dass bei einer Anpassung der Kapazität auch die Kanbanzahl verändert werden muss, anderenfalls kann eine Kapazitätsausweitung unter Umständen sogar zu höheren Bestands- und Fehlmengenkosten führen.

Eine Kapazitätsveränderung auf der nivellierten Stufe hat nicht nur Auswirkungen auf die Stufe selbst, sondern auch auf vor- und nachgelagerte Prozesse. Je größer die Kapazität, desto geringer ist der Nivellierungseffekt, so dass bei einer erhöhten Kapazität auch die Kapazitäten und Bestände benachbarter Prozesse erhöht werden müssen, um die Versorgung der nivellierten Stufe zu gewährleisten. Dieser Effekt ist bei der Bestimmung der Kapazitätskosten $\kappa_{\vec{C}_i}$ unbedingt zu beachten. Wenn die zur Wahl stehenden Netto-Kapazitäten deterministisch sind, deren Auslastung durch die Nachfrage sich in einem in der Praxis üblichen Bereich von $0,7 \leq \rho < 1$ bewegt und auch die vor- und nachgelagerten Prozesse stabil sind, kann man davon ausgehen, dass sich der Kapazitätsbedarf und die zusätzlichen Bestände der anderen Supply Chain-Stufen parallel zur Kapazität der nivellierten Stufe entwickeln.

Im Fall deterministischer Kapazitäten und sich linear mit der Kapazität ändernder Kapazitätskosten kann der optimale Betriebspunkt in der Regel numerisch durch ein einfaches Gradientenverfahren bestimmt werden, da das mittlere Defizit über der Auslastung konvex ist. Mit steigender Kapazität ändert sich der Zustandsvektor, der die Bestands- und Rückstandskosten bestimmt, immer weniger, während sich die Kapazitätskosten linear ändern, so dass auch die Gesamtkosten konvex sind.

4.2 Einfluss saisonal geprägter Nachfrage

In vielen Branchen unterliegt die Kundennachfrage saisonalen Schwankungen in unterschiedlicher Ausprägung. Gartengeräte werden zum Beispiel überwiegend mit dem Vegetationsbeginn im Frühjahr gekauft, während Heizungshersteller einen

Nachfrageschub im Herbst erfahren, wenn die im Sommerhalbjahr errichteten Rohbauten eingerichtet werden und die über den Sommer kaum genutzten Altanlagen beim beginnenden Volllastbetrieb besonders häufig ausfallen. Auch im Pharma-Bereich gibt es Schwankungen bei Erkältungsmitteln oder Antidepressiva, deren Bedarf in der kalten und dunklen Jahreszeit erhöht ist.

Vielfach ist in den Unternehmen der jeweilige Verlauf des Jahreszyklus' aus der Vergangenheit bekannt. Bei der Einführung einer Heijunka-nivellierten Produktion wird daher oft die Frage gestellt, ob eine MRP-Planung bei saisonalen Schwankungen nicht besser geeignet sei, da sie sich „selbständig" den antizipierten Schwankungen anpasst. Tatsächlich ist es in vielen Fällen unwirtschaftlich ein Kanbansystem über das ganze Jahr hinweg für die Hochsaison parametrisiert zu betreiben. Allerdings müssen die Parameter eines nivellierten Systems ohnehin in regelmäßigen Zyklen, z. B. monatlich oder vierteljährlich, überprüft und gegebenenfalls den Nachfragetrends angepasst werden. In diesem Zuge kann auch eine Anpassung an saisonale Entwicklungen erfolgen.

Die folgenden drei Optimierungsmodelle dienen dazu, die Anpassungszeitpunkte und den erforderlichen Anpassungsumfang zu bestimmen. Da die verwendete Technik der *Markovschen Entscheidungsmodelle* einen begrenzten Zustandsraum erfordert, basieren alle drei Modelle auf dem Grundmodell aus Abschnitt 3.2 mit begrenztem Auftragsrückstand. Im ersten Modell (Abschnitt 4.2.1) ist die optimale Kanbanzahl im Jahresverlauf gesucht, unter Berücksichtigung von Lagerbestandskosten, von Fehlbestandskosten sowie von Kosten für verlorene, bzw. durch einen Sonderprozess erfüllte Nachfrage. Dieses Modell wird in Abschnitt 4.2.2 erweitert um Kosten für die Anpassung der Kanbanzahl. Denn in der Praxis kann eine leichte Bestandsanpassung hinsichtlich der Bestandskosten sinnvoll sein, wenn der damit verbundene administrative Aufwand aber zu groß ist, kann es insgesamt günstiger sein, keine Veränderungen vorzunehmen. Das dritte Modell soll neben der Möglichkeit einer Bestandsanpassung auch eine Kapazitätsanpassung zulassen. Denn in der Regel ist es in der Nebensaison nicht nur sinnvoll, den Bestand zu reduzieren, sondern zusätzlich Kosten zu sparen durch eine Reduzierung der Produktionskapazität.

Das Problem ohne Anpassungskosten wurde bereits in ähnlicher Form in der Literatur beschrieben (s. Abschnitt 4.2.1). Die Untersuchung des Problems mit Kosten für die Parameteränderung und der Möglichkeit zur Kapazitätsanpassung wurde dagegen bisher noch gar nicht wissenschaftlich untersucht.

Nach der Festlegung der Parameter, ist es auch möglich die Zustandswahrscheinlichkeiten, d. h. insbesondere die Verteilung des Lagerbestands im Saisonzyklus, zu berechnen. Dazu müssen die Übergangswahrscheinlichkeiten der folgenden Modelle in das Gleichungssystem 3.16 eingesetzt werden.

Markovsche Entscheidungsprobleme (MEP)

In den Abschnitten 4.2.1, 4.2.2 und 4.2.3 werden *Markovsche Entscheidungsprobleme (MEP)* zur Modellierung verwendet. Bevor diese drei konkreten Modelle vorgestellt werden, wird zunächst der Modellierungsansatz der MEPe dargestellt.

Markovsche Entscheidungsprobleme sind eine „Klasse von dynamischen Entscheidungsmodellen", die dadurch gekennzeichnet sind, „dass das Bewegungsgesetz und die kostenmäßige Bewertung unabhängig von der Vergangenheit sind" (Girlich 1973, S.113). Bei der Modellierung der Zustände, die das System zu den diskreten Entscheidungszeitpunkten einnehmen kann, wird also die Markov-Eigenschaft ausgenutzt, wie schon im Modell von Abschnitt 3.2. Ein MEP wird definiert durch das Tupel (Girlich et al. 1990, S.33):

$$ \mathbf{M} = \left[\{\mathbf{X}_n, \{\mathbf{A}_n(x), x \in \mathbf{X}_n\}, p_n, k_n\}_{n=1(1)N}, \mathbf{X}_{N+1}, r \right], \tag{4.6} $$

mit

$\mathbf{X}_n$	Menge der möglichen Systemzustände zum Zeitpunkt n
$\mathbf{A}_n(x)$	Menge der zulässigen Aktionen zum Zeitpunkt n und im Zustand $x \in \mathbf{X}_n$
p_n	Übergangswahrscheinlichkeit aus $\mathbf{X}_n \times \mathbf{A}_n$ in $\mathbf{X}_{n+1}$
k_n	Einstufige Kosten im Zustand $x \in \mathbf{X}_n$ und bei Aktion $a \in \mathbf{A}_n$
$\mathbf{X}_{N+1}$	Menge der möglichen Abbruchzustände
r	Abbruchkosten, bzw. -erträge im Abbruchzustand $x \in \mathbf{X}_{N+1}$.

Dieses MEP ist geeignet zur Modellierung eines beschränkten Planzeitraums, z. B. wenn die Lebensdauer eines Produkts sich dem Ende entgegen neigt und Prognosen für die Nachfrageentwicklung bis zum Lebenszeitende vorliegen. Die folgenden Modelle für die Heijunka-Nivellierung gehen hingegen von einem unendlichen Planungshorizont aus, da der stationäre, saisonale Fall untersucht werden soll. Die Zustands- und Aktionenmengen, die Übergangswahrscheinlichkeiten und die Kostenfunktion müssen daher für unendlich viele Perioden angegeben werden und die Abbruchzustände und -erträge werden obsolet (Girlich et al. 1990, S.69). Damit wird das Tupel 4.6 zu:

$$ \mathbf{M} = \{\mathbf{X}_n, \{\mathbf{A}_n(x), x \in \mathbf{X}_n\}, p_n, k_n\}_{n \in \mathbb{N}}. \tag{4.7} $$

Ein MEP mit unbeschränktem Planzeitraum kann man hinsichtlich der erwarteten diskontierten Kosten oder hinsichtlich der erwarteten Durchschnittskosten je Periode (EPEI) optimieren. Die Modelle 4.2.1-4.2.3 sollen tägliche Entscheidungen im Jahresablauf unterstützen. Bei der abgezinsten Betrachtung müsste daher der Diskontierungsfaktor sehr klein gewählt werden (z. B. 10% p. Jahr entsprechen 0,038% p. Arbeitstag), so dass der Unterschied zur Durchschnittskostenbetrachtung gering wäre und zudem die Kosten und damit auch die Lösungsverfahren nur langsam konvergierten. Es wird daher das Durchschnittskostenkriterium verwendet.

Gesucht wird eine Strategie $d = (f_n)_{n \in \mathbb{N}}$, als Folge von Entscheidungsregeln $f_n \in \mathbf{F}_n$, die die Durchschnittskosten je EPEI $\boldsymbol{\varphi}_d$ minimiert (mit der Menge aller möglichen Entscheidungsregeln der n-ten Periode $\mathbf{F}_n = \{f : \mathbf{X}_n \to \mathbf{A}_n\}$). Da gezeigt werden kann, dass im MEP $\mathbf{M}$ eine stationäre durchschnittskostenoptimale Strategie existiert (Girlich et al. 1990, S.150), kann die Optimierung auf stationäre Strategien $d = f^\infty$ beschränkt werden, bei denen die Entscheidungsregel nicht mehr vom Entscheidungszeitpunkt, sondern nur vom Zustand abhängt.

Die optimalen Durchschnittskosten $\boldsymbol{\varphi}_{f^\infty}$ und Gesamtkosten[1] $\mathbf{v}_f$ des MEP sind optimale Lösungen des folgenden Gleichungssystems:

$$\boldsymbol{\varphi} + \mathbf{v} = \mathbf{k}_f + \mathbf{P}(f) \cdot \mathbf{v} \tag{4.8}$$

$$\boldsymbol{\varphi} = \mathbf{P}(f) \cdot \boldsymbol{\varphi} \tag{4.9}$$

$$\mathbf{v} + (\mathbf{E} - \mathbf{P}(f)) \cdot \mathbf{z} = \mathbf{o}, \tag{4.10}$$

mit den einstufigen Kosten $\mathbf{k}_f$, den Übergangswahrscheinlichkeiten $\mathbf{P}(f)$ und dem Nullvektor $\mathbf{o}$ (Girlich et al. 1990, S.151f). Optimale Strategien $f^{*\infty}$ kann man zum Einen durch lineare Optimierung bestimmen. Dabei werden zunächst die optimalen $\boldsymbol{\varphi}^*_{f^\infty}$ und $\mathbf{v}^*_f$ bestimmt, um davon ausgehend in einem weiteren Schritt die zugehörige Strategie zu bestimmen. Eine andere Lösungsmöglichkeit, die für den auch hier vorliegenden Fall fast ergodischer Markov-Ketten besonders einfach wird, ist die Howardsche Politikiteration (auch „Entscheidungsiteration" genannt). Das Verfahren läuft in drei Schritten ab (Girlich 1973, S.127):

1. Initialisierung
   Wähle eine beliebige, aber zulässige stationäre Strategie f_0^∞.

2. Wertbestimmung
   Löse das lineare Gleichungssystem

$$g \cdot \mathbf{e} + (\mathbf{E} - \mathbf{P}(f_i^\infty)) \cdot \mathbf{v} = \mathbf{k}_{f_i} \tag{4.11}$$

   unter der Annahme $\tilde{v}(x) = 0$ für ein $x \in \mathbf{X}$. Die Lösung $\tilde{\mathbf{v}}$ unterscheidet sich von den Politikkosten $\mathbf{v}_f$ nur um eine additive Konstante.

3. Optimalitätstest
   Berechne die Menge der Aktionen

$$\mathbf{K}_f(x) := \left\{ a \in \mathbf{A}(x) \mid k_a + \sum_{y \in \mathbf{X}} p(x, a; y) \cdot v_{f_i^\infty}(y) < k_{f_i^\infty} + v_{f_i^\infty}(x) \right\} \tag{4.12}$$

Wenn $\mathbf{K}_f(x) = \varnothing$ für alle $x \in \mathbf{X}$, ist f_i^∞ die optimale Politik und das Verfahren kann abgebrochen werden. Anderenfalls muss die Strategie verbessert werden.

---

[1]Die Gesamtkosten streben im undiskontierten Fall mit unendlichem Horizont im Allgemeinen keinem Grenzwert zu. Sie werden zur Herleitung des Durchschnittskostenkriteriums in der Literatur trotzdem verwendet (Girlich et al. 1990, S.149f)

4. Strategieverbesserung

Wähle $f_{i+1}(x) \in \mathbf{K}_f(x)$ für wenigstens ein $x \in \mathbf{X}$ und $f_{i+1}(x) = f_i(x)$ sonst. Setze das Verfahren anschließend mit der Wertbestimmung für f_{i+1}^∞ fort.

Der Rechenaufwand für die Politikiteration wird durch das wiederholte Lösen von linearen Gleichungssystemen bestimmt. Die Gleichungssysteme determinieren durch ihre Koeffizientenmatrizen, die quadratisch mit der Anzahl der Systemzustände wachsen, auch den erforderlichen Speicherplatzbedarf. Insbesondere in den Modellen der Abschnitte 4.2.2 und 4.2.3 werden die Zustandsräume für praxisrelevante Problemgrößen sehr groß. Um die Probleme dennoch numerisch lösen zu können, muss man es sich zu Nutze machen, dass die Koeffizienten nur zu einem sehr kleinen Anteil von Null verschieden sind, d. h. dass die Matrizen „dünnbesetzt" sind, denn die Anzahl der Nicht-Nullelemente in der Matrix wächst nur linear mit der Variablenanzahl und nicht quadratisch. Die Ursache dafür ist, dass es innerhalb eines modellierten Saisonzyklus' (Jahr) immer nur möglich ist, von einer Periode (EPEI) zur nächsten zu gelangen, während Übergänge zu anderen Perioden unmöglich sind.

Ein in diesem Anwendungsfall besonders effizientes Speicherformat, das sich allerdings nur für iterative Lösungsverfahren eignet, ist das modifizierte Compressed Row Storage-Format (MRS). Dieses Format nutzt es am besten aus, dass die Hauptdiagonalen vollbesetzt, die dünnbesetzten Matrizen aber sonst ohne Struktureigenschaften sind. Für das MRS-Format müssen ein eindimensionales Feld mit Fließkommazahlen (Werte) und ein eindimensionales Feld mit Ganzzahlen (Indizes) gespeichert werden, die jeweils um ein Element größer sind als die Anzahl der Nicht-Nullelemente der Matrix (Überhuber 1995, S.396f). Verfahren zur Lösung linearer Gleichungssysteme mit dünnbesetzter Koeffizientenmatrix müssen nicht nur möglichst effizient bezüglich der Lösungsgeschwindigkeit sein, sie dürfen zusätzlich im Verlauf des Verfahrens nur zu einer geringen Auffüllung der Matrix und damit zu zusätzlichem Speicherbedarf führen. Grundsätzlich kann man direkte und iterative Lösungsverfahren unterscheiden. Direkte Verfahren sind im Prinzip Varianten des Gaußschen-Eliminationsverfahrens. Sie führen zu einer exakten Lösung, sind aber insbesondere bei Matrizen ohne besondere Struktureigenschaften nicht sehr schnell und wenig speichereffizient (Knabner und Angermann 2000, S.191f). Iterative Verfahren zur Lösung linearer Gleichungssysteme mit einer Koeffizientenmatrix, die weder symmetrisch noch positiv definit ist, basieren überwiegend auf sogenannten Krylov-Unterräumen. Das GMRES-Verfahren ist ein solches Verfahren, das bei exakter Berechnung theoretisch nach endlicher Iterationsanzahl exakte Ergebnisse liefert, bei anderen Verfahren ist das nicht immer der Fall (Knabner und Angermann 2000, S.230). Weitere gängige Krylov-Unterraumverfahren, die im vorliegenden Problem in Frage kommen sind QMR, CGS und BiCG (Überhuber 1995, S.438-440). Keines der Verfahren dominiert die anderen generell, so dass die Auswahl auf Erfahrung basierend zu treffen ist. Die numerischen Berechnungen zu den Modellen der Abschnitte 4.2.1 bis 4.2.3 wurden mit QMR durchgeführt.

4.2.1 Optimaler Bestand ohne Anpassungskosten

Das erste Optimierungsmodell der Heijunka-Nivellierung mit saisonaler Nachfrage ist das Grundmodell in dem die Kanban-Anzahl in jeder Periode optimal gewählt werden kann, ohne dass Kosten für Parameteränderungen entstehen. Das Problem ist in ähnlicher Form in der Literatur beschrieben. Bei Kapuscinski und Tayur (1995) und (1998) wird ein kapazitätsbeschränktes System untersucht, bei dem die Nachfragen zufällig sind, sich die Verteilungen, aus denen diese Nachfragen stammen, jedoch zyklisch (z. B. im Jahresablauf) ändern. Es werden lineare Kosten für Lagerbestände und Fehlbestandsmengen berücksichtigt. Die Autoren können beweisen, dass es unter anderem bezüglich der Durchschnittskosten optimal ist, einer Grundbestandspolitik zu folgen, wobei sich der optimale Grundbestand im Zyklus ändern kann. Zur Optimierung von Beispielsystemen verwenden Kapuscinski und Tayur allerdings ein simulationsbasiertes Verfahren. Durch die verwendete *Infinitesimal Perturbation Analysis (IPA)* werden zwar die Nachteile einer simulationsbasierten Optimierung hinsichtlich Laufzeit und Genauigkeit weitgehend umgangen (Cassandras 2008, S.617f), aber das Verfahren setzt eine Differenzierbarkeit der Kosten voraus, d. h. die Entscheidungsparameter müssen kontinuierlich sein. Da die Kanban-Anzahl in der Praxis ein diskreter Parameter ist, liefert dieses Verfahren nur eine Approximation für die optimale Politik.

Mit dem nun dargestellten MEP sollen die optimalen Grundbestände im Zyklusverlauf für das nivellierte System mit beschränktem Auftragsrückstand bestimmt werden. Der einfacheren Darstellung wegen wird die Kapazität als deterministisch modelliert, die Berücksichtigung zufälliger Ausbringungsmengen wäre jedoch denkbar. Als Erweiterung zu Kapuscinski und Tayur wird die Kostenfunktion ergänzt um Kosten für verlorene Nachfrage, bzw. Nachfrage, die in einem Sonderprozess erfüllt wird. Das hat allerdings keine prinzipiellen Änderungen an der Beweisführung zur optimalen Lagerhaltungspolitik und auch nicht an deren Ergebnis zur Folge.

Das MEP wird gemäß Gleichung 4.7 durch folgende Parameter vollständig beschrieben, wobei auf den Zeitindex verzichtet wird, da das System stationär ist:

I. **Zustandsraum X**

Im Systemzustand muss die Vergangenheit, soweit sie für das weitere Systemverhalten relevant ist, vollständig abgebildet sein, um die Markov-Eigenschaft zu erfüllen. Für das untersuchte System erfüllt die Beschreibung durch den Lagerbestand, bzw. den Fehlbestand und die aktuelle Periode im Saisonzyklus dieses Kriterium. Bestand und Fehlbestand werden, wie schon in Kapitel 3, durch das Defizit zum maximalen Lagerbestand beschrieben, das Werte im Bereich $0 \leq Z \leq I_{max} + B_{max}$ annehmen kann. In einem Saisonzyklus durchläuft das System die Perioden $\tau = 1(1)\tau_{max}$. Da das MEP mit unbeschränktem Planzeitraum die Beschreibung des Systems mit einem eindimensionalen Zustandsraum erfordert, muss der zweidimensionale Zustand von Defizit und Periode in einen Zustandswert umgerechnet werden:

$$x(Z, \tau) = Z + (Z_{max} + 1) \cdot (\tau - 1). \tag{4.13}$$

Während des Verfahrens können umgekehrt aus dem eindimensionalen Zustand das Defizit und die Periode folgendermaßen berechnet werden:

$$Z(x) = x \quad (\text{mod } Z_{\max} + 1) \qquad \tau(x) = \left\lfloor \frac{x}{1 + Z_{\max}} \right\rfloor + 1. \tag{4.14}$$

II. **Aktionen A**(x)

Mit diesem MEP sollen die optimalen Kanban-Anzahlen im Zyklusverlauf bestimmt werden. Es ist jedoch nicht sinnvoll, direkt verschiedene Anzahlen von Kanban zur Wahl zu stellen, da alle Entscheidungen, die zum gleichen Produktionsverhalten führen, bei der in IV. beschriebenen Kostenfunktion die gleichen Kosten zur Folge haben. Stattdessen wird die optimale Kanban-Anzahl aus dem Produktionsverhalten, d. h. aus der verfolgten Lagerhaltungsstrategie abgelesen. Daher wird die Wahl der Produktionsmenge als Aktion modelliert. Zustandsunabhängig kann jede Produktionsmenge im Rahmen der verfügbaren Kapazität geplant werden

$$\mathbf{A}(x) = \mathbf{A} = 0(1)C_{\max}, \tag{4.15}$$

wobei eine geplante Produktionsmenge nur soweit genutzt wird, wie sie zu einem Defizit von $Z \geq 0$ führt.

III. **Übergangswahrscheinlichkeiten** $p(x, a, y)$

Die Abläufe im System entsprechen im Prinzip denen in Kapitel 4. Zu Beginn der Periode $T = n$ liegt ein Lagerbestand I_n oder eine Fehlmenge B_n vor, der, bzw. die Kosten verursacht. Es wird eine Produktionsmenge Pr_n festgelegt, aus der zunächst Fehlmengen bedient werden. Übersteigt die Produktionsmenge die Fehlmenge, geht dieser Überschuss ins Lager und kann unmittelbar zur Befriedigung der Kundennachfrage verwendet werden. Anschließend realisiert sich die Kundennachfrage D_n aus der saisonalen Nachfrageverteilung $\vec{d}(\tau)$ und das System geht in den Anfangszustand der Periode $T = n+1$ über. Allgemein lassen sich die Übergangswahrscheinlichkeiten dieser Abläufe schreiben als:

$$p(x, a, y) = p\left(\binom{Z(x)}{\tau(x)}, a, \binom{Z(y)}{\tau(y)} \right) \tag{4.16}$$

$$= \begin{cases} d_m^{\tau(x)} & \text{falls } Z(y) < Z_{\max} \wedge m \leq D_{\max} \wedge \dagger \\ \sum_{i=m}^{D_{\max}} d_i^{\tau(x)} & \text{falls } Z(y) = Z_{\max} \wedge \dagger \\ 0 & \text{sonst,} \end{cases} \tag{4.17}$$

mit $m = Z(y) - \max\{0; Z(x) - a\}$ und
$\dagger : \tau(y) = \tau(y) + 1 \vee (\tau(y) = 1 \wedge \tau(x) = \tau_{\max})$

IV. **Einstufige Kosten** $k(x, a)$

In diesem Grundmodell sollen lineare Kosten für Lagerbestände, Fehlmengen und für verlorene, bzw. in einem Sonderprozess erfüllte Nachfrage entstehen. Die einstufige Kostenfunktion kann man daher formulieren als:

$$k(x, a) = k_{\text{Lager}} \cdot (I_{max} - Z(x))^+ + k_{\text{Rückstand}} \cdot (Z(x) - I_{max})^+ + k_{\text{Sonder}} \cdot E_{\text{Sonder}}(x, a) \tag{4.18}$$

Der Erwartungswert der Menge, die verloren geht oder über einen Sonderprozess abgewickelt wird E_{Sonder}, hängt ab vom Ausgangszustand und der gewählten Aktion und berechnet sich gemäß:

$$E_{\text{Sonder}}(x, a) = \sum_{i = \ddagger + 1}^{D_{\max}} d_i^{\tau(x)} \cdot (i - \ddagger) \tag{4.19}$$

$$\text{mit } \ddagger = Z_{\max} - \max\{0; Z(x) - a\}.$$

Das MEP ist damit vollständig beschrieben und kann mit den Methoden aus Abschnitt 4.2 gelöst werden. In der Lösung findet man die Ergebnisse von Kapuscinski und Tayur (1995) bestätigt, dass im saisonalen Fall eine Grundbestandspolitik mit einer über den Saisonzyklus veränderlichen Kanban-Anzahl optimal ist: In der Periode τ wird nichts produziert, so lange das Defizit zum maximalen Lagerbestand kleiner gleich einem kritischen Wert ist $(a\binom{Z \leq \zeta^{\tau(x)}}{\tau(x)}) = 0)$. Reicht die Kapazität nicht aus, um den kritischen Wert zu erreichen, wird die Kapazität voll genutzt $(a\binom{Z > \zeta^{\tau(x)} + C_{\max}}{\tau(x)}) = C_{\max})$. Bei allen Werten dazwischen wird so produziert, dass das System den kritischen Wert genau erreicht $(a\binom{\zeta^{\tau(x)} \leq Z \leq \zeta^{\tau(x)} + C_{\max}}{\tau(x)}) = Z - \zeta^{\tau(x)})$.

4.2.2 Optimaler Bestand mit Anpassungskosten

Im Modell des vorangegangenen Abschnitts wurde angenommen, dass das System in jeder Periode neu parametrisiert werden kann und somit immer die jeweils optimale Kanban-Anzahl eingestellt wird. In der Praxis ist die Auslegung und Einstellung der Parameter jedoch mit Aufwand und Kosten verbunden, so dass eine laufende Anpassung nicht wünschenswert ist. Denn es müssen nicht nur für die beplante Stufe die Daten beschafft und Berechnungen damit ausgeführt werden, sondern die Änderungen müssen zusätzlich den anderen Gliedern der Logistikkette kommuniziert werden und auch dort müssen Anpassungen vorgenommen werden. Die Bestandsänderungen müssen in einem logisch separaten Prozess durch die Kette laufen, um den Bullwhip-Effekt zu vermeiden, der sonst auch in einer schlanken Logistikkette entstehen kann.

Die Kostenfunktion 4.18 wird daher um Kosten für eine Parameteränderung ergänzt. Zusätzlich sind Änderungen am Zustandsraum erforderlich, um diese Parameteränderung abbilden zu können:

I. **Zustandsraum X**
Für das MEP muss der Systemzustand so beschrieben werden, dass die Markov-Eigenschaft erfüllt ist. Die weitere Systementwicklung darf nicht von der Vergangenheit abhängen. Im modellierten System entstehen jedoch Kosten, wenn die Kanban-Anzahl gegenüber der Vorperiode verändert wird. Um dennoch die Markov-Eigenschaft zu erfüllen, muss die Zustandsbeschreibung einen Rückschluss auf die Aktion der letzten Periode erlauben, so dass keine Abhängigkeit von der Vergangenheit mehr besteht, die nicht im Zustand abgebildet ist. Der Zustandsraum der Vorperiode wird damit um eine dritte Dimension erweitert: zum Bestandsdefizit und der Periode in der Saison kommt die Aktion der Vorperiode $0 \leq \aleph \leq a_{\max}$ hinzu. Die Abbildung in den eindimensionalen Zustandsraum $\mathbf{X}$ erfolgt damit gemäß:

$$x(Z, \aleph, \tau) = Z + (Z_{\max} + 1) \cdot \aleph + (a_{\max} + 1) \cdot (Z_{\max} + 1) \cdot (\tau - 1). \qquad (4.20)$$

II. **Aktionen $\mathbf{A}(x)$**
Zur Wahl stehen unterschiedliche Kanban-Anzahlen. Die maximale Kanban-Anzahl entspricht dem maximal möglichen Bestand $I_{\max}$. Da ein Kanbankreislauf per Definition mindestens einen Kanban erfordert und um den Zustandsraum nicht unnötig groß werden zu lassen, sollte eine minimale Kanban-Anzahl (> 0) gewählt werden. Die Zuordnung von Aktion zu Kanban-Anzahl folgt daher der Gleichung $K(a) = K_{\min} + a$. Wird eine Erhöhung der Kanban-Anzahl entschieden, so werden die zusätzlichen Kanban direkt als Fertigungsaufträge in das Produktionssystem eingesteuert. Falls die Kapazitäten im aktuellen EPEI ausgelastet sind, werden die Kanban in den Overflow des Heijunka-Bretts gesteckt. Bei einer Reduzierung der zirkulierenden Kanban, werden zunächst die Kanban aus dem Planungsbrett entfernt. Sind weniger Kanban im Heijunka-Brett, als aus dem Kreislauf entfernt werden sollen, so werden diese im Fertigwarenlager entnommen. Dann lösen eintreffende Kundennachfragen keine Fertigungsaufträge aus, bis der Bestandsüberschuss abgebaut wurde.

III. **Übergangswahrscheinlichkeiten $p(x, a, y)$**
Im Vergleich zu den Übergangswahrscheinlichkeiten des vorhergehenden Modells sind hier zusätzlich die Aktionszustände zu berücksichtigen: das System kann sich nur in einem Zustand $x(Z, \aleph, \tau)$ befinden, wenn in der vorhergehenden Periode auch die Aktion $a = \aleph$ gewählt wurde.

$$p(x, a, y) = p\left(\begin{pmatrix} Z(x) \\ \aleph(x) \\ \tau(x) \end{pmatrix}, a, \begin{pmatrix} Z(y) \\ \aleph(y) \\ \tau(y) \end{pmatrix}\right) \qquad (4.21)$$

In Abhängigkeit von der Nachfrageverteilung formuliert bedeutet das:

$$p(x,a,y) = \begin{cases} d_m^{\tau(x)} & \text{falls } Z(y) < Z_{\max} \wedge m \le D_{\max} \wedge \dagger \\ \sum_{i=m}^{D_{\max}} d_i^{\tau(x)} & \text{falls } Z(y) = Z_{\max} \wedge \dagger \\ 0 & \text{sonst,} \end{cases} \qquad (4.22)$$

mit $m = Z(y) - \min\{C; Z(x) - (a + K_{\min})\}$ und
$$\dagger : a = \aleph(y) \wedge (\tau(y) = \tau(y) + 1 \vee (\tau(y) = 1 \wedge \tau(x) = \tau_{\max}))$$

IV. **Einstufige Kosten** $k(x,a)$
Die einstufigen Kosten ändern sich gegenüber 4.18 dahingehend, dass zusätzlich Kosten anfallen, wenn die Kanbanzahl geändert wird. Damit lässt sich die Kostenfunktion schreiben als:

$$\begin{aligned} k(x,a) = & k_{\text{Lager}} \cdot (I_{max} - Z(x))^+ + k_{\text{Rückstand}} \cdot (Z(x) - I_{max})^+ \\ & + k_{\text{Sonder}} \cdot E_{\text{Sonder}}(x,a) + k_{\text{Änder}} \cdot \Theta(\aleph(x),a), \end{aligned} \qquad (4.23)$$

$$\text{mit } \Theta(\aleph(x),a) = \begin{cases} 1 & \text{falls } a \ne \aleph(x) \\ 0 & \text{sonst} \end{cases}$$

$$\text{und } E_{\text{Sonder}}(x,a) = \sum_{i=\ddagger+1}^{D_{\max}} d_i^{\tau(x)} \cdot (i - \ddagger)$$

$$\ddagger = Z_{\max} - \min\{C; Z(x) - (a + K_{\min})\}$$

Durch die Einführung von Änderungskosten wird die Kanban-Anzahl nicht mehr in jeder Periode an das jeweils optimale Niveau angepasst. Vielmehr ergibt sich auch hier ein ausgleichender Effekt, der zur Folge hat, dass eine Anpassung nur erfolgt, wenn die Nachfrage sich (in Abhängigkeit von den Kosten) für ausreichend lange Zeit ändert. Darüber hinaus ist es nur sinnvoll, die Änderungskosten in Kauf zu nehmen, wenn sich dadurch das tatsächliche Produktionsverhalten unmittelbar ändert. Eine Änderung ist nicht sinnvoll, wenn bezüglich der aktuellen und bezüglich der zur Saison optimalen Kanban-Anzahl ein Überbestand besteht und ohnehin nichts produziert wird. Ebenfalls keine Änderung erfolgt, wenn das Defizit sowohl zur aktuellen als auch zur saisonal optimalen Kanban-Anzahl so groß ist, dass die Produktionskapazität in jedem Fall voll genutzt wird.

4.2.3 Anpassung des Bestands und der Kapazität mit Anpassungskosten

Bei einem Absatzmarkt, der durch saisonale Nachfrageschwankungen geprägt ist, passen die Unternehmen nicht nur ihre Bestände der Saison an, sondern auch die Kapazitäten werden häufig der Nachfrage angepasst. Wegen der Verbrauchssteuerung durch Kanban ändert sich die tatsächlich produzierte Menge durch die Kapazitätsanpassung zwar nicht[2], und die installierten Maschinenkapazitäten sind nur selten saisonal anpassbar, Einsparungen sind jedoch vor allem bei Vormaterialbeständen und bei den Personalkosten möglich. Senkt man die Kapazität bei einem Heijunkanivellierten System, sinkt in gleichem Maß der maximal mögliche Verbrauch an Vormaterialien, so dass Bestände in Eingangs- und Zwischenpuffern abgebaut werden können. Einsparungen bei Personalkosten sind in der Nebensaison vor allem möglich, wenn Saisonkräfte abgebaut werden können, die zur Abdeckung der Bedarfsspitzen in der Hochsaison eingestellt wurden. Gilt hingegen ein hochflexibles Arbeitszeitmodell mit Gleitzeit, so dass die tägliche Arbeitszeit kurzfristig ohne Mehrkosten verkürzt werden kann, sind durch die Kapazitätsanpassung keine Personalkosten einzusparen. Der Bestimmung eines realistischen Kapazitätskostensatzes ist daher in diesem Modell besondere Aufmerksamkeit zu widmen, gegebenenfalls sollten Sensitivitätsanalysen durchgeführt werden.

Das MEP mit der Möglichkeit zur Anpassung der Kanban-Anzahl und der Kapazität lässt sich folgendermaßen beschreiben:

I. **Zustandsraum X**
   Der Zustandsraum unterscheidet sich vom Modell, in dem nur die Kanban-Anzahl veränderlich ist, nur in einem Detail: Die Aktion der Vorperiode gibt zusätzlich zur Kanban-Anzahl die gewählte Kapazität an. Die Umrechnung der drei Dimensionen Bestandsdefizit, vorhergehende Aktion und Saison erfolgt analog zu Gleichung 4.20.

II. **Aktionen A(x)**
   Die Aktionen bestehen in diesem Modell aus einer Kombination der reservierten Kapazität pro EPEI und einer Kanban-Anzahl. Stellt man jeweils für die Kapazität und für den Grundbestand einen Wertebereich zur Wahl und lässt jede Kombination der Merkmale miteinander zu, so wächst die Menge der Aktionen schnell. Da die Aktionen auch in die Zustände eingehen, wächst auch der Zustandsraum entsprechend und ist selbst mit effizienten Methoden und moderner Hardware nicht mehr lösbar. Eine Möglichkeit, dieses Problem zu umgehen ist es, nur bestimmte Werte für die beiden Parameter und wenige Kombinationen daraus zuzulassen. Die Bestimmung sinnvoller Parameterkombinationen kann beispielsweise durch eine statische Lösung für jede Saison, gemäß 4.1 erfolgen. Die optimalen Parameter für jede Saison sowie eine Anzahl von Zwischenschritten bilden dann die Menge der Aktionen A(x). Jede Aktion $a \in$ A(x) besteht dann aus einer Kanbanzahl $K(a)$ und einer Produktionskapazität $C(a)$.

III. **Übergangswahrscheinlichkeiten $p(x, a, y)$**
   Die Übergangswahrscheinlichkeiten unterscheiden sich vom vorhergehenden Modell nur dahingehend, dass die Kapazität abhängig von der Aktion ist und es

---

[2]Vorausgesetzt die Auslastung ist kleiner als 1.

nicht unbedingt eine lineare Zuordnung des Aktionsindex' zur Kanban-Anzahl gibt:

$$p(x, a, y) = p\left(\begin{pmatrix} Z(x) \\ \aleph(x) \\ \tau(x) \end{pmatrix}, a, \begin{pmatrix} Z(y) \\ \aleph(y) \\ \tau(y) \end{pmatrix}\right)$$

$$= \begin{cases} d_m^{\tau(x)} & \text{falls } Z(y) < Z_{\max} \wedge m \leq D_{\max} \wedge \dagger \\ \sum_{i=m}^{D_{\max}} d_i^{\tau(x)} & \text{falls } Z(y) = Z_{\max} \wedge \dagger \\ 0 & \text{sonst,} \end{cases} \tag{4.24}$$

mit $m = Z(y) - \min\{C(a); Z(x) - K(a)\}$ und
$\dagger : a = \aleph(y) \wedge (\tau(y) = \tau(y) + 1 \vee (\tau(y) = 1 \wedge \tau(x) = \tau_{\max}))$.

IV. **Einstufige Kosten** $k(x, a)$
Die Funktion zur Berechnung der einstufigen Kosten wird gegenüber Gleichung 4.23 erweitert um einen Term zur Bestimmung der Kapazitätskosten:

$$k(x, a) = k_{\text{Lager}} \cdot (I_{max} - Z(x))^+ + k_{\text{Rückstand}} \cdot (Z(x) - I_{max})^+ \\ + k_{\text{Sonder}} \cdot E_{\text{Sonder}}(x, a) + k_{\text{Änder}} \cdot \Theta(\aleph(x), a) + k_{\text{Kap}} \cdot C(a), \tag{4.25}$$

$$\text{mit } \Theta(\aleph(x), a) = \begin{cases} 1 & \text{falls } a \neq \aleph(x) \\ 0 & \text{sonst} \end{cases}$$

$$\text{und } E_{\text{Sonder}}(x, a) = \sum_{i=\ddagger+1}^{D_{\max}} d_i^{\tau(x)} \cdot (i - \ddagger)$$

$$\ddagger = Z_{\max} - \min\{C(a); Z(x) - K(a)\}$$

Die verfolgte Politik hängt in diesem Modell stark von den Eingangsparametern ab. Generell lässt sich nur feststellen, dass auch hier aufgrund der Änderungskosten die Kanban-Anzahl nur verändert wird, wenn sich daraus unmittelbar ein verändertes Produktionsverhalten ergibt. Aus den Ergebnissen der Optimierung im stationären Fall von Abschnitt 4.1.2 kann man Folgendes schließen: In der Hochsaison ist es im Vergleich zu den optimalen Parametern der Nebensaison besser

• bei gleicher Kanban-Anzahl eine größere Kapazität

oder umgekehrt

• bei gleicher Kapazität eine größere Kanban-Anzahl zu wählen,

wenn man von den Änderungskosten absieht.

4.3 Parameteranpassung in schlanken Produktionssystemen im Kontext der Supply Chain

Die Anpassung an ein verändertes Kundennachfrageverhalten z. B. im Saisonzyklus, im Produktlebenszyklus, oder im Konjunkturzyklus wurde in den vorangegangenen Abschnitten nur einstufig untersucht, oder es wurden Hinweise zur statischen Betrachtung im mehrstufigen Fall gegeben. Die mehrstufig dynamische Untersuchung zeigt jedoch, dass durch Parameteranpassungen der bisher unberücksichtigte „Bullwhip-Effekt" (BWE) induziert werden kann. Der BWE ist stark bestandswirksam, er lässt sich aber durch eine geeignete Kommunikation in der Kette weitgehend beschränken. Im Abschnitt 4.3.1 wird zunächst der BWE beschrieben, und es werden Messgrößen dafür erläutert. Anschließend wird an einem konkreten Beispiel gezeigt, dass der BWE in unnivellierten Kanbansystemen auftritt, und es werden Möglichkeiten untersucht, dem BWE in Heijunka-nivellierten Kanbansystemen entgegenzuwirken.

4.3.1 Der Bullwhip-Effekt und seine Messung

Die wissenschaftliche Untersuchung des Bullwhip-Effekts (BWE) geht zurück auf Forrester (1958), der beschreibt, dass Nachfrageschwankungen in einer Supply Chain entgegen der Materialflussrichtung verstärkt werden und dass eine zeitliche Verschiebung (Phasenverschiebung) der Nachfrageschwankungen stattfindet. Daher rührt auch der Name des Phänomens: Bei einer Bullenpeitsche führt eine kleine Bewegung des Griffs mit einer zeitlichen Verzögerung zu einem großen Ausschlag der Peitschenspitze. Übertragen auf die Supply Chain bedeutet das, dass kleine Schwankungen am Markt zu sehr großen Bestellmengenschwankungen bei den Lieferanten führen. Und während die Marktnachfrage einbricht, erfahren Lieferanten stromaufwärts möglicherweise noch Nachfragesteigerungen oder umgekehrt.

In der Literatur häufig zitierte Beispiele aus der Praxis, in denen dieser Effekt schon sehr früh bemerkt wurde, stammen von Procter & Gamble sowie von Hewlett-Packard (Lee et al. 1997b). Bei Procter & Gamble wurde die Supply Chain für Windeln untersucht. Der Absatz im Supermarkt schwankte schon stärker, als es das typische Verbrauchsverhalten der Kleinkinder erwarten ließe, aber die Verkäufe des Herstellers an die Handelskette schwankten noch deutlich stärker. Eine weitere Verstärkung der Nachfrageschwankungen erfuhr 3M, einer der Zulieferer des Windelherstellers.

Da das Verbrauchsverhalten auf höheren Wertschöpfungsstufen immer schlechter vorherzusehen ist, führt der BWE vor allem dort zu großen Beständen, zu schlechter Lieferfähigkeit oder zu einem sehr großen Flexibilitätsbedarf. Damit sind Kosten für die gesamte Supply Chain verbunden, die große Auswirkungen auf die Wettbewerbsfähigkeit haben (Geary et al. 2006). In der Literatur werden in der Regel vier Ursachen für den BWE genannt (Lee et al. (1997a), Alicke (2005, S.101-109)), von denen das Ausmaß des BWE abhängt:

I. Lokale Planung und Optimierung, ggf. ohne Informationsweitergabe

II. Losbildung

III. Preisschwankungen

IV. Kontingentierung bzw. Engpasspoker.

Zudem wird der BWE durch lange Lieferzeiten verstärkt. Irrationales Verhalten in der Supply Chain ist jeweils nicht notwendig, um den BWE hervorzurufen, wie Lee et al. (1997b) zeigen, der Effekt kann hierdurch jedoch weiter verstärkt werden. Die Planungsverfahren der Abschnitte 4.1 und 4.2 können im Sinne der I. Ursache zum BWE beitragen.

Zur Messung des BWE gibt zwei grundsätzlich verschiedene Ansätze, wie Dejonckheere et al. (2003) schreiben:

1. Statistischer Ansatz des Bestandsmanagement

2. Regelungstechnischer Ansatz.

Der statistische Ansatz beruht auf einem Vergleich der Eingangs- mit der Ausgangsvarianz des Systems. Im Fall der Heijunka-nivellierten Kanbansysteme ist der BWE gegeben, wenn die Varianz der Produktion größer ist als die der Nachfrage. Der Vorteil der Methode liegt darin, dass sie sehr einfach anzuwenden und leicht nachvollziehbar ist. Sie ist daher in der Literatur weit verbreitet (z. B. in Lee et al. (1997a), Lee et al. (1997b), Simchi-Levi et al. (1998)). Allerdings zeigen Ouyang und Daganzo (2006a), dass dieses Maß in bestimmten Fällen irreführend ist. Im einstufigen Fall kann die gesamte Varianz sinken, weil ein amplitudenstarkes Frequenzspektrum gefiltert wird, über mehrere Stufen hinweg tritt aber dennoch der BWE auf, weil andere Frequenzen angeregt werden.

Zur Analyse linearer, zeitunveränderlicher Lagerhaltungspolitiken mit regelungstechnischen Methoden kann die Übertragungsfunktion verwendet werden. Die Übertragungsfunktion beschreibt das Ausgangssignal (nivellierte Produktion) im Verhältnis zum Eingangssignal (Nachfrage) im Frequenzbereich. Die explizite Herleitung der Übertragungsfunktion, mit Wirkungsdiagrammen und Blockdiagrammen, wird von Dejonckheere et al. (2003) beschrieben. Der BWE tritt nicht auf, wenn die Amplitudenrelation des Ausgangs- zum Eingangssignal für alle Frequenzen kleiner als eins ist. Für eine homogene Supply Chain, in der alle Stufen dieselbe Politik verfolgen, leiten Ouyang und Daganzo (2006a) auf Basis der Übertragungsfunktion eine deutlich einfachere Prüfgröße her, die direkt auf den Parametern der linearen, zeitunveränderlichen Politik basiert.

Wenn die Übertragungsfunktion nicht bekannt ist, oder die verfolgte Lagerhaltungspolitik nicht linear ist oder sich zeitlich ändert, kann man eine Spektralanalyse durchführen (Dejonckheere, Disney, Lambrecht und Towill 2003). Dazu werden das Eingangs- und das Ausgangssignal in den Frequenzbereich transformiert und dann in einem Frequenzantwortdiagramm aufgetragen. Ist das Amplitudenverhältnis der beiden Signale für alle Frequenzen kleiner als eins, ist der BWE nicht aufgetreten. Der Nachteil dieses Verfahrens ist, dass man nur die Existenz des BWE sicher feststellen kann, da genauso wie im statistischen Ansatz nur einzelne Nachfrageverläufe getestet werden. Wenn der BWE bei den getesteten Nachfrageverläufen nicht feststellbar ist, kann es aber durchaus sein, dass er bei anderen Nachfrageverläufen dann doch auftritt. Gegenüber dem statistischen Verfahren hat der Ansatz den Vorteil, dass die Untersuchung eines einstufigen Systems ausreicht, da man die Frequenzen einzeln untersuchen kann und nicht nur die Varianzverstärkung insgesamt misst.

Im folgenden Abschnitt soll die Wirkung einer Parameteranpassung bei Heijunka-nivellierten Kanbansystemen auf den BWE untersucht werden. Die Systemparameter werden in regelmäßigen Abständen überprüft und gegebenenfalls angepasst. Zur Überprüfung werden nicht nur lineare Verfahren verwendet, und zwischen den Anpassungen erfolgt der operative Betrieb ohne Parameteränderungen. Somit ist die Heijunka-Nivellierung nicht als lineare, zeitinvariante Politik darstellbar und die Übertragungsfunktion ist unbekannt. Zum Test auf den BWE können damit nur das statistische Verfahren oder die Spektralanalyse verwendet werden. Aufgrund der einfachen Anwendbarkeit, der weiten Verbreitung in Wissenschaft und Praxis und der leichten Interpretierbarkeit, wird der statistische Ansatz gewählt. Um den von Ouyang und Daganzo (2006a) beschriebenen Einschränkungen (s. o.) bezüglich der Aussagekraft zu begegnen, wird ein mehrstufiges System untersucht.

4.3.2 Untersuchung nivellierter Systeme

Zur Quantifizierung des BWE, induziert durch konkrete Bestellpolitiken, gibt es eine Reihe von Ansätzen, z. B. von Simchi-Levi et al. (1998) oder Faißt (2003). Einen besonderen Beitrag zur Untersuchung der Stabilität dezentral gesteuerter Supply Chains in Bezug auf den Bullwhip-Effekt hat Daganzo geleistet.

Daganzo (2004) beschreibt die Supply Chain durch kumulative Bestellfunktionen, die auch als *Newell*-Kurven bekannt sind. Mit Methoden aus der Verkehrstheorie sowie aus der Regelungstechnik kann er zeigen, dass so gut wie alle lokalen Lagerhaltungspolitiken zum BWE führen müssen. Dies gilt insbesondere dann, wenn man vom praxisrelevanten Fall mit positivem Zuwachs ausgeht, d.h. das gewünschte Bestandsniveau mit steigender Nachfrage zunimmt (Daganzo 2003, S.42f). Eine Stabilisierung der Supply Chain ist nur erreichbar durch eine rein nachfrageorientierte Bestellpolitik (Ouyang und Daganzo 2006a), oder durch Abnahmeverpflichtungen (Ouyang und Daganzo 2006b).

Ouyang und Daganzo (2006a) untersuchen unter anderem eine Lagerhaltungspolitik, die sie als „Generalized Kanban" bezeichnen, da die Politik auf ähnlichen Informationen basiere, wie eine Kanban-Steuerung. In diese lineare, zeitinvariante Politik gehen der physische und der disponible Lagerbestand sowie Kundenbestellungen der Vorperioden ein, und sie führt zum BWE. Die Autoren konnten damit zeigen, dass auch schlanke Produktionssysteme zum BWE führen, obgleich ihnen eine stabilisierende Wirkung zugeschrieben wird (Geary et al. 2006).

Der BWE der „Generalized Kanban"-Politik ist darauf zurückzuführen, dass nicht nur der operative Betrieb abgebildet ist, sondern zusätzlich in jeder Periode eine Komponente zur Anpassung an die Randbedingungen beiträgt. Denn im operativen Betrieb mit fixer Kanban-Anzahl entspricht Kanban einer rein nachfrageorientierten Politik, bei der die Nachfragen fast unverändert[3] weitergegeben werden, so dass kein BWE entsteht. Das Ausmaß des BWE eines unnivellierten Kanbansystems hängt daher davon ab, wie häufig die Kanban-Anzahl angepasst wird und wie stark die Anpassung an kurzfristige Nachfragespitzen erfolgt. Hinweise auf das Ausmaß der varianzverstärkenden Wirkung von Kanban soll folgende Simulationsstudie liefern:

Eine fünfstufige Supply Chain wird mit einer exponentialverteilten Nachfrage mit einer Standardabweichung von 103 beaufschlagt. Auf jeder Stufe wird zu Periodenbeginn festgelegt, wieviel produziert werden soll. Die Produktionsmenge einer Stufe ist die Nachfrage für die stromaufwärts gelegene Stufe. Aus der Produktionsmenge und dem Anfangsbestand wird die Kundennachfrage, bzw. die Nachfrage der Folgestufe bedient. Es werden vier verschiedene Lagerhaltungspolitiken verglichen:

1. Generalized Kanban
   Das System entspricht der Beschreibung von Ouyang und Daganzo (2006a). Da Lieferzeiten in dieser Untersuchung nicht berücksichtigt werden, sind der disponible und der physische Bestand gleich. Die tägliche Produktionsmenge wird in Abhängigkeit von der letzten Kundenbestellung und von der Differenz zum Zielbestand festgelegt. Im Unterschied zu den anderen Systemen sind auch negative Bestellmengen möglich.

2. Kanban mit unbegrenzter Bestellmenge und täglicher Anpassung
   In diesem System wird auf jeder Supply Chain-Stufe täglich eine neue Kanban-Anzahl ausgerechnet, in Abhängigkeit von Mittelwert und Varianz der Nachfrage in den letzten fünf Perioden. Ist der Zielbestand kleiner als der aktuelle Bestand, wird nichts produziert, sonst wird auf den Zielbestand aufgefüllt. Die Parameter sind so gewählt, dass auf jeder Stufe ein α-Servicegrad von 98% erreicht wird. Die tägliche Neuberechnung des Zielbestands ist ein Grenzfall, bei dem der Unterschied zu einer Bestellpunkt-Logik unscharf wird.

3. Kanban mit unbegrenzter Bestellmenge und monatlicher Anpassung
   Auf jeder Stufe der Supply Chain wird ohne Abstimmung mit den anderen Stufen alle 20 Bestellperioden die Kanban-Anzahl neu berechnet. Dies geschieht in Abhängigkeit der mittleren Nachfrage und der Nachfragevarianz in den vorangegangenen 40 Perioden. In den Perioden dazwischen wird immer wieder auf den Zielbestand aufgefüllt. Der angestrebte Servicegrad beträgt 98%.

4. Kanban mit begrenzter Bestellmenge und monatlicher Anpassung
   Dieses Modell bildet ein Kanbansystem im engeren Sinne ab, denn die täg-

---

[3]Nachfragen, die den aktuellen Bestand im Fertigwarenlager übersteigen, werden in einem Kanbansystem nur teilweise weitergegeben. Das wirkt stabilisierend auf die Nachfrage.

liche Produktionsmenge wird im Unterschied zum vorangegangenen Modell maximal auf die Kanban-Anzahl begrenzt. Darüber hinaus können in einer Planungsperiode keine Produktionsaufträge freigegeben werden. Die Anpassungslogik entspricht der des vorhergehenden Systems.

Vergleicht man die Nachfragevarianz auf den einzelnen Stufen der Supply Chain, erkennt man, dass der BWE bei einer täglichen Anpassung der Kanban-Anzahl deutlich am stärksten ist (Abbildung 4.1). Das System reagiert sehr nervös auf Nachfrageschwankungen und der Änderungsbedarf wird systematisch überschätzt. Bei der „Generalized Kanban"-Politik ist der BWE sehr viel geringer, aber dennoch deutlich erkennbar. Die Kanbansysteme mit monatlicher Anpassung tragen zwar nicht zur Stabilität in der Supply Chain bei, der BWE ist aber bei der simulierten Nachfrage nur klein. Dabei ist die Prognosequalität für die mittlere Nachfrage der nächsten 20 Perioden, ermittelt aus den letzten 40 Perioden, mit ca. 24% mittlerer absoluter Abweichung in einem Bereich, der auch in der Praxis erreichbar ist.

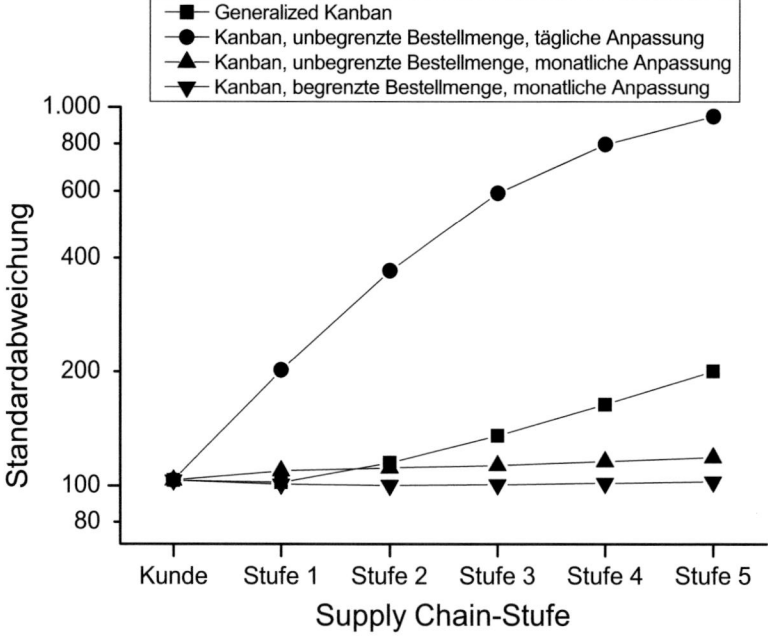

Abbildung 4.1: Der Bullwhip-Effekt (BWE) in unterschiedlich modellierten, unnivellierten Kanbansystemen.

Nachdem der BWE in Ketten von unnivellierten Kanbansystemen vor dem Hintergrund von Parameteranpassungen beleuchtet wurde, soll nun ein Vergleich zu

Heijunka-nivellierten Kanbansystemen gezogen werden. Ferner soll dargestellt werden, wie man bei der Systemgestaltung Einfluss auf den BWE in Ketten mit Heijunka-Nivellierung nehmen kann. Dazu werden in einer Simulationstudie drei Konfigurationen der Nivellierung untersucht, wobei die Parameteranpassungen generell in einem Abstand von 20 Planungsperioden erfolgen. Denn schon bei den unnivellierten Kanbansystemen hat sich gezeigt, dass sich zu kurzfristige Anpassungen sehr negativ auf die Bestellmengenvarianzen auswirken. Zum Vergleich wird ein unnivelliertes Kanbansystem mit monatlicher Parameteranpassung herangezogen, das sich in der vorhergehenden Simulation als das Stabilste erwiesen hat. Die Randbedingungen mit der exponentialverteilten Nachfrage und den Abläufen in der Kette sind ansonsten die gleichen wie in der vorhergehenden Simulation. Es werden folgende drei Varianten der Nivellierung untersucht:

1. Heijunka ohne Kommunikation
   In diesem Fall wird davon ausgegangen, dass jede der fünf Supply Chain-Stufen isoliert plant, ohne zu wissen, dass die belieferte Stufe einer nivellierten Planung folgt. Auf jeder Stufe wird unabhängig im Abstand von 20 Perioden eine Parameteranpassung vollzogen, wobei auch die Planungszeitpunkte nicht abgestimmt sind. Dabei werden aufgrund des Nachfragemittels und der Nachfragevarianz, die die jeweilige Stufe in den vorhergehenden 40 Perioden erfahren hat, die Kanban-Anzahl sowie die reservierte Produktionskapazität festgelegt. Der Grundbestand wird so ausgelegt, dass ein α-Servicegrad von 98% erreicht wird und die Kapazität wird so eingestellt, dass die Auslastung voraussichtlich 85% beträgt plus einer Kapazitätsreserve, um den Bestand im Verlauf des nächsten Planungszyklus näher an den Zielbestand zu bringen, wenn die Differenz zum aktuellen Bestand sehr groß ist.

2. Heijunka mit Kommunikation der Kapazitäten
   Die kundennächste Stufe dieser Kette ist so gestaltet wie alle Kettenglieder des vorher beschriebenen Systems. Den beliefernden Stufen wird zum Anpassungszeitpunkt die ab sofort geltende Produktionskapazität mitgeteilt. Die Kapazität auf diesen Stufen wird dann gleich der Kapazität der kundennächsten Stufe gesetzt und der Bestand wird so eingestellt, dass die Folgestufe mit der angekündigten Kapazität produzieren kann plus einem anteilsmäßigen Spielraum (im Beispiel konkret: 30%) für die nächste Kapazitätsanpassung. Da die Anpassungen im simulierten Beispiel stets geringer sind als der Spielraum, werden alle Nachfragen auf den Vorstufen voll erfüllt. Die kundennächste Stufe hat einen α-Servicegrad von 98%.

3. Heijunka mit Vorankündigung der Kapazitäten
   Im Unterschied zur vorhergehenden Systematik, bei der die Kapazitäten erst zum Anpassungszeitpunkt kommuniziert werden, gibt es hier eine Vorankündigung. Der Zeitpunkt der Vorankündigung ist so gewählt, dass die notwendigen Bestandsänderungen nach dem *Make-to-Order*-Prinzip das System durchlaufen können. Die kundenfernste Stufe beginnt bei der Bekanntgabe der neuen Parameter damit, dass die Kapazität und die Kanban-Anzahl auf das ange-

kündigte Niveau gesetzt werden. Sobald diese Stufe die erste Produktion auf diesem Niveau abgeschlossen hat, wird die Folgestufe angepasst. So durchläuft das Material das System bis auf der kundennächsten Stufe die Kapazität angepasst werden kann.

Wie Abbildung 4.2 zeigt, sinkt die Variabilität der Nachfragemengen in allen nivellierten Systemen auf der ersten Supply Chain-Stufe auf weniger als die Hälfte des Ausgangsniveaus. Das System ohne Kommunikation entwickelt sich anschließend jedoch sehr viel schlechter als die anderen Systeme. Da auf allen Stufen unabgestimmt jeweils die Kapazität und der Bestand angepasst werden, gibt es in der Kette in regelmäßigen Abständen sehr große Verwerfungen, obgleich die hochfrequenten Schwankungen überwiegend herausgefiltert werden. Das führt sehr schnell dazu, dass die Vorteile gegenüber einer Kette von unnivellierten Kanbansystemen aufgezehrt sind.

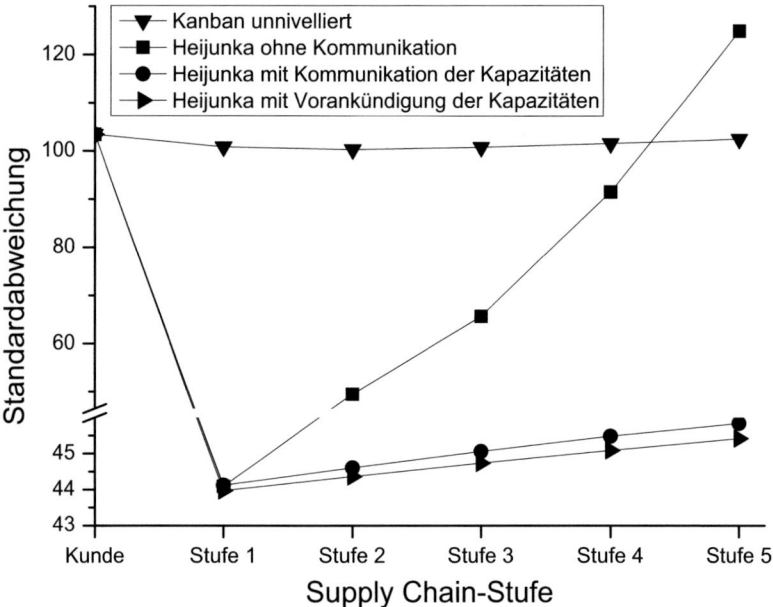

Abbildung 4.2: Der Bullwhip-Effekt (BWE) bei der Heijunka-Nivellierung im Vergleich.

Die Nachfrageschwankungen in den beiden Heijunka-nivellierten Ketten mit Kommunikation entwickeln sich sehr viel günstiger. Nach der Variabilitätsreduzierung auf der kundennächsten Stufe steigen die Nachfrageschwankungen zwar wieder marginal an, sie bleiben aber insgesamt über alle fünf Stufen hinweg auf einem sehr niedrigen Niveau. Die notwendigen Bestände, um die angestrebte Lieferbereitschaft zu erreichen, sind damit auch in diesen beiden Heijunka-nivellierten Systemen sehr viel niedriger, als in allen anderen hier betrachteten Systemen.

Obwohl sich die Ketten bezüglich der induzierten Nachfrageschwankungen ähneln, sind die Muster unterschiedlich zu beurteilen. In der Supply Chain, in der die Kapazität erst kommuniziert wird, wenn sie gilt, entsteht ein geringer BWE, der damit zu begründen ist, dass der Bestand auf jeder Stufe überproportional zur Kapazität angepasst werden muss, um weiterhin Kapazitätsausweitungen zu ermöglichen. Bei der Nivellierung mit angekündigten Kapazitätsänderungen muss sich der Bestand dagegen nur proportional zur Kapazität auf jeder Stufe ändern. Die Bestände sind daher geringer und sie schwanken weniger als im System ohne Ankündigung. Man kann trotzdem eine leichte Varianzamplifikation der Bestellmengen feststellen, da die Kette für Kapazitätserhöhungen gerade in Phasen großer Endkundenbedarfe mit zusätzlichen Beständen befüllt werden muss und umgekehrt. Je länger die Kette ist, desto stärker wird der Effekt, er kann ein bestimmtes Maß aber nicht übersteigen, da die Kapazität aller Stufen der kundennächsten Stufe folgt und negative Bestellmengen nicht zulässig sind.

Zusammenfassend lässt sich feststellen, dass der BWE auch in Supply Chains mit Heijunka-Nivellierung durch Parameteränderungen induziert werden kann. Bei mittelfristigen Anpassungszyklen und einer geeigneten Kommunikation ist der Effekt aber sehr gering und in seinen Auswirkungen praktisch zu vernachlässigen. Es werden sehr viel weniger, oder gar keine zusätzlichen Bestände wegen der Anpassungen benötigt, insbesondere im Vergleich zu unnivellierten Systemen. So sind z. B. Anpassungen an einen Saisonzyklus in der Regel wirtschaftlich sinnvoll, auch unter Berücksichtigung der Auswirkungen auf die gesamte Versorgungskette.

5 Analytische Modelle Heijunka-nivellierter Supply Chains

Es kann der Frömmste nicht im Frieden bleiben,
Wenn es dem bösen Nachbar nicht gefällt.
Friedrich Schiller

In den vorangegangenen Kapiteln wurden vorwiegend Modelle zur Abbildung einstufiger Heijunka-nivellierter Kanbansysteme entwickelt. Im einstufigen Fall hat die Heijunka-Nivellierung den Vorteil, dass das Systemverhalten besser planbar wird, insbesondere gibt es weniger Interdependenzen zwischen den Produkten. Die größten Vorteile der Heijunka-Nivellierung ergeben sich jedoch erst im mehrstufigen Fall.

Bereits im vorhergehenden Abschnitt 4.3.2 wurde erläutert, dass Parameteränderungen in Heijunka-nivellierten Supply Chains möglich sind, ohne dabei die Nachfragevarianz und damit die notwendigen Bestände, negativ zu beeinflussen. Im operativen Betrieb hat die Nivellierung darüber hinaus eine stabilisierende Wirkung, wodurch auf Stufen, die der nivellierten Stufe zuliefern, die Bestände deutlich reduziert werden können, bei zugleich erhöhter Versorgungssicherheit für die nivellierte Stufe.

In diesem Kapitel werden daher Modelle zur Beschreibung des Verhaltens nivellierter Supply Chains entwickelt. In diesen Ketten wird der Schrittmacherprozess nivelliert und die anderen Stufen der Kette laufen synchron mit, wobei Kanban-Kreisläufe für eine Entkopplung im Störungsfall sorgen. Mit den Modellen können dann die Nivellierungseffekte in der Kette quantifiziert werden, so dass ein Vergleich zwischen verschiedenen Parameterkombinationen möglich wird. So können beispielsweise die Auswirkungen einer mehr oder weniger starken Nivellierung oder unterschiedlich stabiler Produktionsprozesse auf die Bestände und den Durchsatz in der gesamten Kette untersucht werden.

In Abschnitt 5.1 wird ein exaktes Modell von nivellierten Kanbansystemen in Reihe vorgestellt, das allerdings nur für kleine Probleme lösbar ist. Deshalb werden im anschließenden Abschnitt 5.2 unterschiedliche Verfahren präsentiert, die die Untersuchung längerer Ketten erlauben, jedoch alle nur eine Approximation des Systemverhaltens liefern.

Die Abläufe in allen folgenden Modellen entsprechen den Abläufen, die auch in den vorangegangenen Modellen abgebildet wurden, d. h. insbesondere, dass es keine Lieferzeiten gibt. Wie schon in Abschnitt 3.4 erläutert wurde, verändert sich das Produktionsverhalten in der Kette dadurch nicht, aber die Modellierung wird stark vereinfacht. Zu Beginn jedes EPEI wird auf jeder Stufe der Lieferkette die gewünschte Produktionsmenge, gemäß dem Minimum aus verfügbarer Kapazität $C(i)$ und zur Produktion freigegebener Kanban $Z(i)$, festgelegt. Die tatsächliche Produktionsmenge auf jeder Stufe ist dann das Minimum aus gewünschter Produktion und verfügbarem Material. Zur Produktion verfügbar ist der Bestand zu Beginn des EPEI $(K(i+1) - Z(i+1))$ und die aktuelle Produktionsmenge der liefernden Stufe $(Pr(i+1))$:

$$Pr(i,t) = \min\{C(i,t); Z(i,t); K(i+1,t) - Z(i+1,t) + Pr(i+1,t)\}$$
$$\forall\ i = 1(1)N - 1 \quad (5.1)$$

Nur die am weitesten stromaufwärts gelegene Stufe verfügt über unbegrenzt viel Vormaterial, so dass sich Gleichung 5.1 vereinfacht zu:

$$Pr(i,t) = \min\{C(i,t); Z(i,t)\} \qquad \text{für } i = N. \qquad (5.2)$$

Der Bestand in der Folgeperiode ist abhängig vom aktuellen Bestand, von der eigenen Produktion und vom Verbrauch der stromabwärts gelegenen Stufe. Die in Materialflussrichtung letzte Stufe der Kette erfährt die Kundennachfrage. In allen folgenden Modellen wird Kundennachfrage soweit wie möglich, unmittelbar erfüllt. Darüber hinausgehende Mengen werden nicht gespeichert („lost sales"). Die Anzahl der zur Produktion freigegebenen Kanban entwickelt sich dann folgendermaßen:

$$Z(i,t+1) = Z(i,t) - Pr(i,t) + Pr(i-1,t) \qquad \forall\ i = 2(1)N \qquad (5.3)$$
$$Z(i,t+1) = \min\{Z(i,t) - Pr(i,t) + D(t); K(i)\} \qquad \text{für } i = 1. \qquad (5.4)$$

Die Nachfrage und die Kapazitäten der einzelnen Stufen werden wie in den Kapiteln zuvor als unabhängige, identisch verteilte Zufallsvariablen modelliert. Die Wahrscheinlichkeitsverteilungen, denen die Zufallsvariablen folgen, sind diskret und können jede empirisch ermittelte Form annehmen.

5.1 Exaktes Modell einer Kette von nivellierten Kanbansystemen

Ein exaktes Modell einer Kette von Kanbansystemen mit Kapazitätsbeschränkung wird von Deleersnyder et al. (1989) entwickelt. Die Autoren modellieren das System als zeitdiskrete Markov-Kette (vgl. Abschnitt 3.2). Der Zustand des Systems wird beschrieben durch einen N-dimensionalen Vektor, wobei jede Vektorkomponente $i = 1(1)N$ das aktuelle Defizit zum Maximalbestand (Overflow) der Stufe i darstellt. Zur Beschreibung des Systems als Markov-Kette muss der N-dimensionale

Zustand unter Verwendung der Kanbanzahl jeder Stufe K^i in einen eindimensionalen Gesamtzustand umgerechnet werden gemäß:

$$\Psi(\vec{Z}) = \sum_{i=1}^{N} [Z^i \cdot \Pi_{j=1}^{i-1} K^{j+1}]. \tag{5.5}$$

Zur Berechnung der Zustandswahrscheinlichkeiten $P(\Psi = i) = \psi_i$ der Markov-Kette muss ein Gleichungssystem mit den Übergangswahrscheinlichkeiten aufgestellt werden, analog zu den Gleichungen 3.16 für das einstufige System. Die Übergangsmatrix wird von Deleersnyder et al. (1989) spaltenweise erzeugt. Ausgehend von einem Zustand $\Psi = m$ ist zu prüfen, in welche anderen Zustände $\Psi = n$ man gelangen kann, und wie die Wahrscheinlichkeit dafür ist. Dazu wird zunächst für den eindimensionalen Ausgangszustand der Zustand auf den einzelnen Stufen i ermittelt:

$$Z^i(\Psi = m) = \left\lfloor \frac{m - \sum_{j=i+1}^{N} \left(Z^j(m) \cdot \Pi_{q=1}^{j-1} K^{q+1} \right)}{\Pi_{r=1}^{i-1} K^{r+1}} \right\rfloor. \tag{5.6}$$

Dann iteriert man, beginnend von der kundenfernsten Stufe, über alle möglichen Produktionskapazitäten $0 \leq C^S \leq C^S_{\max}$ für alle Stufen $S = N(-1)1$ und über alle möglichen Kundennachfragen. In jeder Iteration berechnet man mit den Gleichungen 5.2 und 5.3, bzw. 5.4, in welchen Zustand $Z^i(\Psi = n)$ man gelangt. Die Wahrscheinlichkeit für diesen Übergang entspricht dem Produkt der jeweiligen Wahrscheinlichkeiten der Kapazitäten und der Nachfrage:

$$\Theta_{mn} = d \cdot \Pi_{S=1}^{N} c^S. \tag{5.7}$$

Die Übergangswahrscheinlichkeit wird um Θ_{mn} erhöht

$$p_{mn} = p_{mn} + \Theta_{mn} \tag{5.8}$$

und die Iteration wird fortgesetzt. Das Ergebnis der Iteration ist eine Spalte der Übergangsmatrix. Die Iteration ist für alle Spalten der Matrix, d. h. für alle Ausgangszustände, durchzuführen, um die gesamte Übergangsmatrix zu bestimmen. Als Lösung des Gleichungssystems 3.16 erhält man die Zustandswahrscheinlichkeiten des Gesamtsystems. Die Berechnung des Zustands der einzelnen Stufe für jeden Gesamtzustand und die entsprechende Addition der Wahrscheinlichkeiten führt zur Bestandsverteilung der Stufe.

Darauf aufbauend können der Durchsatz durch die Kette und der Servicegrad berechnet werden. Zu diesem Zweck wird der Bestand nach der Produktion, d. h. zur Periodenmitte, auf der kundennächsten Stufe $z_i^{*S=1}$ als die Lösung des folgenden

Gleichungssystems berechnet:

$$z_i^1 = \sum_{j=0}^{i} z_{i-j}^{*1} \cdot d_j \qquad \forall \ 0 \leq i < K^1 \qquad (5.9)$$

$$z_i^1 = \sum_{j=0}^{D_{\max}} \left(z_{i-j}^{*1} \cdot \sum_{m=j}^{D_{\max}} d_m \right) \qquad \text{wenn } i = K^1. \qquad (5.10)$$

Der Durchsatz ist dann der Erwartungswert der erfüllbaren Kundennachfrage in jedem Zustand $z_i^{*S=1}$. Der tatsächliche Kundenwunsch kann voll (1. Summand) erfüllt werden, oder er kann die Kundennachfrage übersteigen (2. Summand):

$$\lambda = \sum_{i=0}^{K^1} z_i^{*1} \left[\sum_{j=0}^{\min\{K^1-i;D_{\max}\}} (d_j \cdot j) + \sum_{j=K^1-i+1}^{D_{\max}} (d_j \cdot (K^1 - i)) \right]. \qquad (5.11)$$

Der α-Lieferbereitschaftsgrad ist die Wahrscheinlichkeit, dass die Periodennachfrage voll erfüllt werden kann, der β-Servicegrad ist der tatsächliche Durchsatz im Verhältnis zur mittleren Nachfrage:

$$\alpha = \sum_{i=0}^{K^1} z_i^1 \cdot \sum_{j=0}^{\min\{K^1-i;D_{\max}\}} d_j \qquad (5.12)$$

$$\beta = \frac{\lambda}{E(D)} = \frac{\lambda}{\sum_{i=0}^{D_{\max}} d_i \cdot i} \qquad (5.13)$$

Mit dem Durchsatz und dem durchschnittlichen Bestand auf jeder Stufe, ist es gemäß Littles Gesetz (Little 1961) ferner möglich, die Durchlaufzeit des Materials durch die Supply Chain zu berechnen:

$$t = \frac{\sum_{i=1}^{N} \sum_{j=0}^{K^i} (K^i - j) \cdot z_j^i}{\lambda} \qquad (5.14)$$

Grenzen des exakten Verfahrens

Die Beschreibung der nivellierten Supply Chain als Markovkette liefert zwar für jede Parametrisierung in der Theorie ein exaktes Ergebnis, tatsächlich können damit jedoch nur sehr kleine Probleme modelliert werden. Die Ursache dafür ist, dass der Zustandsraum exponentiell mit der Kettenlänge wächst (vgl. Tab 5.1):

$$\Psi_{\max} + 1 = \Pi_{i=1}^{N}(K^i + 1) \qquad (5.15)$$
$$= (K + 1)^N \qquad \text{wenn } K^i = K = \text{konstant.}$$

Da die Übergangsmatrix den Übergang von allen Zuständen in alle Zustände beschreibt, wächst sie sogar noch stärker, nämlich quadratisch im Verhältnis zum Zustandsraum. Daraus ergeben sich drei mögliche Probleme:

1. Der Speicherplatzbedarf für die Übergangsmatrix wird zu groß.
2. Die Wahrscheinlichkeiten für den Eintritt eines einzelnen Zustands werden zu gering, um sie mit Binärzahlen ausreichend genau abbilden zu können.
3. Die Laufzeit für die Erzeugung der Übergangsmatrix wird zu groß, weil über alle Zustände sowie über alle Kapazitäten und die Nachfrage iteriert werden muss.

| | | **Anzahl Kanban je Stufe** | | |
		9	19	29	39
	1	10	20	30	40
	2	100	400	900	1.600
	3	1.000	8.000	27.000	64.000
Supply Chain-Länge	4	10.000	160.000	810.000	2.560.000
	5	100.000	3.200.000	24.300.000	102.400.000
	6	1.000.000	64.000.000	729.000.000	4.096.000.000
	7	10.000.000	1.280.000.000	21.870.000.000	163.840.000.000
	8	100.000.000	25.600.000.000	656.100.000.000	6.553.600.000.000

Tabelle 5.1: Anzahl der Zustände, in Abhängigkeit von der Kettenlänge und der Kanban-Anzahl je Stufe.

Der Speicherplatzbedarf für die Übergangsmatrix kann stark reduziert werden, wenn man die Nullwerte nicht speichert (vgl. Abschn. 4.2). Denn die Matrix ist bei stabilen Prozessen sehr dünn besetzt. Damit können Probleme mit sehr viel größerem Zustandsraum behandelt werden. Allerdings wird die Wahrscheinlichkeit für das Auftreten eines Zustands mit wachsendem Zustandsraum kleiner, so dass man darauf achten muss, dass der verwendete Datentyp ausreichend genau ist. Dann steigt der Speicherplatzbedarf wieder überproportional mit den Matrixdimensionen. Die Laufzeit bei der Erzeugung der Übergangsmatrix kann sehr gut durch eine verteilte Berechnung auf mehreren Prozessoren beschleunigt werden, da die Matrixspalten unabhängig voneinander zu berechnen sind. Allerdings ist der Aufwand zur Berechnung der Matrixspalten mit der Kettenlänge stark ansteigend. Beim gegenwärtigen Stand der Technik sind mit einem schnellen 64-Bit Arbeitsplatzsystem Lösungen für vierstufige Supply Chains mit großer Kanban-Anzahl (bis ca. 40) oder für fünfstufige Ketten bei kleiner Kanban-Anzahl (bis ca. 20) noch problemlos berechenbar. Ein Umstieg auf Großrechner und die weitere technische Entwicklung können diese Grenze verschieben, die abbildbare Kettenlänge wird aber immer ein Defizit des Verfahrens bleiben.

5.2 Approximationsverfahren

Die exakte Berechnung der Zustandswahrscheinlichkeiten für längere Supply Chains dauert sehr lange oder sie ist gar unmöglich. Auch Simulationsmodelle führen erst nach ausreichend langer Laufzeit zu Ergebnissen mit der gewünschten Genauigkeit. In der Auslegungsphase kann es daher sinnvoll sein, zunächst das Systemverhalten mit approximativen Verfahren abzuschätzen, um die Auswahl der Parameterkombinationen einzugrenzen. Dazu sollen im Folgenden Modelle vorgestellt werden, die unterschiedlich gute Abschätzungen erlauben, bei allerdings auch unterschiedlichem Rechenaufwand.

Bei den Modellen handelt es sich um sogenannte *Dekompositionsmodelle*. Dieser Modellierungsansatz erfordert prinzipiell drei Schritte: zuerst wird das Gesamtsystem in geeignete Teilsysteme gegliedert, anschließend werden Gleichungen aufgestellt, die das Verhalten jedes Teilsystems beschreiben und schließlich wird ein Verfahren entwickelt, mit dem die Gleichungen gelöst werden können (Dallery und Frein 1993). Bei der Beschreibung des Systemverhaltens und der skuzessiven oder iterativen Lösung der Gleichungen, werden vereinfachende Annahmen über die Wechselwirkungen der Teilsysteme getroffen. Daher sind die Dekompositionsmodelle nur für bestimmte Verteilungen exakt oder sie approximieren das Systemverhalten nur.

In der Literatur findet man verschiedene Modelle zur Abbildung von verketteten Kanbansystemen, wie z. B. bei Di Mascolo et al. (1996) oder bei Curry und Feldman (2009, S.281-320). Die Modelle unterscheiden sich

- nach der Art der Dekomposition, z. B. in ein- oder zweistufige Teilsysteme und der Abbildung der Schnittstellen zur restlichen Supply Chain,
- nach der Modellierung der Teilsysteme, z. B. mit zeitkontinuierlichen Markov-Ketten oder als Bediensystemnetzwerk mit der Produktform-Lösung und
- nach dem Iterationsverfahren zur Lösung des Fixpunktproblems.

Die Modelle sind vorwiegend zeitkontinuierliche Abbildungen der Kanbansysteme, die auf phasenverteilten Bedien- und Zwischenankunftszeiten basieren. Sie sind daher nur bedingt geeignet zur Abbildung der Heijunka-nivellierten Produktion. Denn einerseits folgen die Ausbringungsmengen einer Produktionsauflage in der Praxis häufig diskreten, multimodalen Verteilungen, die mit Erlang- oder Cox-Verteilungen nicht abbildbar sind. Andererseits verläuft die nivellierte Planung und Produktion in EPEI-Zyklen weshalb zeitkontinuierlichen Modelle das Systemverhalten nur in grober Näherung beschreiben können.

Eng verwandt mit Ketten von Kanbansystemen ist das Forschungsgebiet der stochastischen Fließproduktionssysteme mit begrenzten Puffern. Auch hier gibt es vielfältige Modelle, die auf einem Dekompositionsansatz basieren (Helber 2005). Darunter sind auch zustands- und zeitdiskrete Modelle, wie z. B. das von Dallery et al. (1988). Allerdings wird auch in dieser Problemklasse eine kontinuierliche Produktion untersucht, mit gleichen Produktionskapazitäten auf allen Stufen, allerdings unterschiedlichem Ausfallverhalten der Stufen. Außerdem wird das Kundenverhalten nicht berücksichtigt, sondern die Fertigprodukte verlassen das System unmittelbar am Ende der Fließproduktion.

Da in der Literatur keine Modelle beschrieben sind, die geeignet wären Heijunka-nivellierte Kanbansysteme abzubilden, werden in den folgenden beiden Abschnitten zwei Modelle von Ketten mit nivellierter Produktionsplanung vorgestellt. Das erste Modell ist sehr schnell zu lösen, die Abbildungsgenauigkeit ist gegenüber dem zweiten Modell in Abschnitt 5.2.2 aber in vielen Fällen deutlich schlechter.

5.2.1 Vereinfachte, praxisnahe Modellierung

Der einfachste Modellierungsansatz ist es, die Kette in N einzelne Stufen zu unterteilen, die jeweils aus einer Produktionsressource mit zugehörigem Ausgangspuffer bestehen. Diese einstufigen Systeme können dann mit dem Modell aus Absch. 3.2 abgebildet werden. Mit der kundennächsten Stufe beginnend, werden die Stufen stromaufwärts berechnet, wobei jeweils von unbegrenzter Materialverfügbarkeit ausgegangen wird. In der Praxis werden die Systeme in der Regel so ausgelegt, dass ohne manuelle Eingriffe Servicegrade von 95% und mehr erreicht werden. Dennoch drohende Lieferengpässe sind überwiegend durch „Feuerwehraktionen" abzuwenden. Für die Auslegung realer Systeme ist die Annahme unbegrenzter Materialverfügbarkeit daher oftmals gerechtfertigt.

Paarweise verknüpft werden die Stufen, indem die Produktionsmenge der kundennäheren Stufe als Nachfrage der stromaufwärts gelegenen Stufe verwendet wird. Es wird angenommen, dass die Produktionsmenge eine unabhängig identisch verteilte Zufallsgröße ist, was nur eine grobe Näherung ist. Denn tatsächlich ist die Nachfrage in der Kette vom Lagerbestand der jeweiligen Stufe abhängig. Ist das Lager leer, kann der Kunde nichts mehr aus dem Lager entnehmen, d. h. es können keine Kanban freigegeben werden und damit wird auch keine Nachfrage weitergeben. Ferner können die Nachfragen innerhalb der Kette autokorreliert sein, insbesondere, wenn die Prozesse der kundennächsten Stufe sehr stabil sind. Das liegt daran, dass eine hohe Endkundennachfrage in einer Periode zu einer maximalen Kapazitätsausnutzung für mehrere EPEI-Zyklen in Folge führt. Die Wahrscheinlichkeit einer großen Produktionsmenge nach einer vorhergehend großen Produktionsmenge ist dementsprechend erhöht.

Ergebnisgüte des einfachen Verfahrens

Da in dem Verfahren nur relativ kleine Gleichungssysteme gelöst werden müssen und die Kette nur einmal durchlaufen wird, ist der Algorithmus sehr schnell. Die erzielbare Ergebnisqualität ist allerdings stark von den Parametern der Kette abhängig. Erfahrungsgemäß decken sich die analytischen Ergebnisse nur dann sehr gut mit den Simulationsergebnissen, wenn der Lieferbereitschaftsgrad auf jeder Stufe 98% und mehr beträgt. An Hand zweier Beispiele sollen die Ergebnisgüte und die Grenzen des Verfahrens illustriert werden. Die Ergebnisse des Verfahrens werden dabei verglichen mit einer stochastischen Simulation über 100 Mio EPEIs, deren Zufallszahlen mit dem Mersenne Twister-Algorithmus (Matsumoto und Nishimura 1998) erzeugt wurden. Die Simulation ist nicht exakt, die Konfidenzintervalle sind aber für die gewählten Parameterkombinationen so klein, dass die Simulationsergebnisse als Vergleichsgröße verwendbar sind.

Im ersten Beispiel handelt es sich um ein siebenstufiges System mit unabhängiger, multimodal verteilter Nachfrage. Die Produktionsressourcen aller Stufen sind homogen, d. h. sie folgen alle einer (ebenfalls multimodalen) Wahrscheinlichkeitsverteilung bei 85% Auslastung, und die Kanban-Anzahlen sind so gewählt, dass jeweils ein sehr hoher Lieferbereitschaftsgrad erreicht wird. Vergleicht man die Ergebnisse des Verfahrens mit den Ergebnissen einer 100 Mio. EPEI dauernden Simulation, zeigt sich eine nahezu perfekte und hochsignifikante Korrelation[1] der Zustandswahrscheinlichkeiten (Abbildung 5.1a). Die „naive" Schätzung der Wahrscheinlichkeitsdichte mit einer Gleichverteilung, zeigt hingegen keine Korrelation mit den Simulationsergebnissen. Auch bei der Approximation der einzelnen Zustandswahrscheinlichkeiten liefert das einfache Modell auf allen Stufen sehr gute Ergebnisse, die sehr viel besser sind als die Schätzung mit einer Gleichverteilung (s. Abbildung 5.1b). Der mittlere Bestand weicht beim analytischen Verfahren nur zwischen 2% und 6% vom Simulationsergebnis ab.

Mit dem zweiten Beispiel sollen die Grenzen des Verfahrens aufgezeigt werden. Eine erneut siebenstufige Kette erfährt eine diskretisierte exponentialverteilte Nachfrage. Die Produktionskapazität auf jeder Stufe der Kette folgt ebenfalls einer diskretisierten Exponentialverteilung, mit einer Auslastung von 85%, wie schon im ersten Beispiel. Im Unterschied zum vorhergehenden Beispiel wird aber die Kanban-Anzahl auf jeder Stufe so festgelegt, dass der Lieferbereitschaftsgrad in der Kette gemäß der Simulation nur noch ca. 85%-95% beträgt. Mit dem Auftreten von Lieferengpässen kann die Kanban-Logik die Weitergabe der Nachfrageinformation in der Kette tatsächlich einschränken. Die Annahme unabhängiger Nachfrage auf jeder Stufe ist nicht mehr gerechtfertigt, was sich auch in den Ergebnissen widerspiegelt: auf nur noch vier Stufen sind die analytisch berechneten Zustandswahrscheinlichkeiten zu einem Signifikanzniveau von 95% mit den simulativ ermittelten Verteilungen korreliert bei einem überwiegend nur geringen Erklärungsbeitrag (s. Abbildung 5.2a). Auf fünf Stufen der Lieferkette schneidet die Approximation der einzelnen Zustandswahrscheinlichkeiten mit dem einfachen analytischen Verfahren sogar schlechter ab als die Gleichverteilungsannahme (s. Abbildung 5.2b). Der mittlere Bestand in der Simulation weicht um 20%-40% von der analytischen Approximation ab.

Dieses einfache Verfahren kann zu guten Ergebnissen führen, wenn Materialengpässe in der Supply Chain praktisch nie vorkommen und die Nachfragen in der Kette nicht autokorreliert sind, wie das erste Beispiel zeigt. Das zweite Beispiel zeigt aber

---

[1]Mit dem Pearsonschen Korrelationskoeffizient: $r = \frac{\sum_i (x_i - \bar{x})(y_i - \bar{y})}{\sqrt{\sum_i (x_i - \bar{x})^2 \cdot \sum_i (y_i - \bar{y})^2}}$ wird die Stärke der linearen Korrelation zwischen Simulation und approximierter Verteilung berechnet. Die Signifikanz der Korrelation wird anschließend mit dem t-Test überprüft.

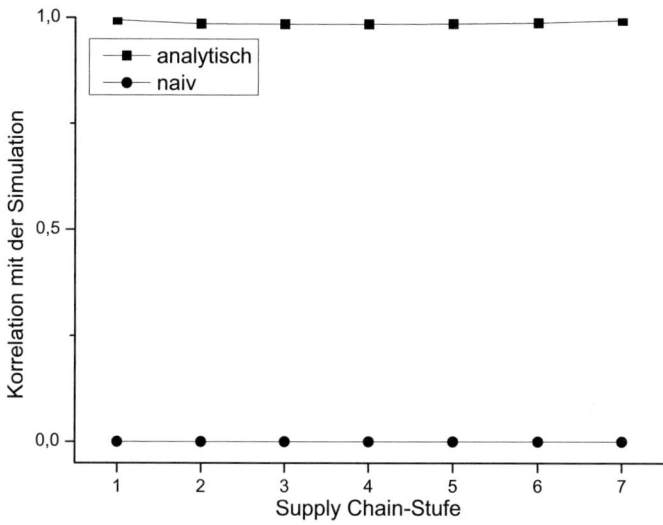

(a) Korrelationskoeffizient der Dichtefunktionen

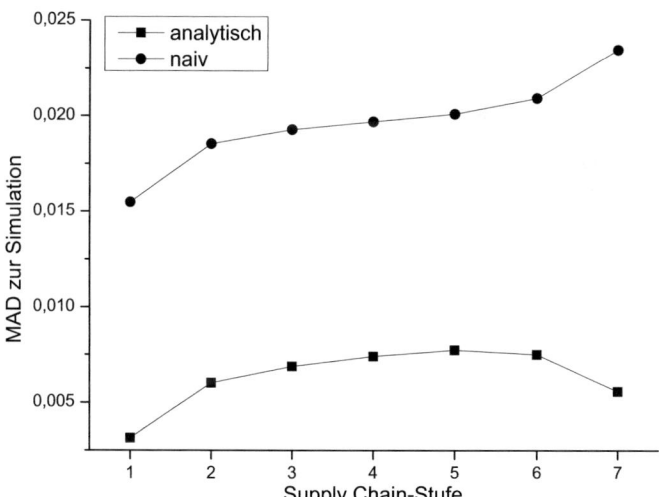

(b) mittlere Abweichung der Zustandswahrscheinlichkeiten

Abbildung 5.1: Vergleich der vereinfachten Modellierung und der naiven Schätzung (Gleichverteilung) mit der Simulation bei hohem Lieferbereitschafts-grad.

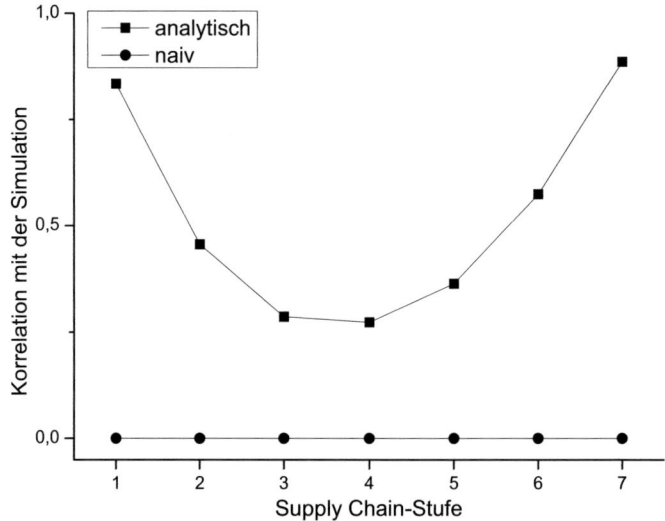

(a) Korrelationskoeffizient der Dichtefunktionen

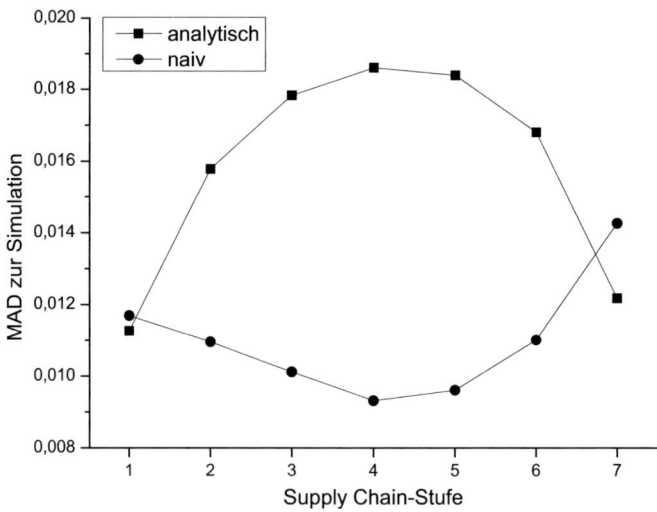

(b) mittlere Abweichung der Zustandswahrscheinlichkeiten

Abbildung 5.2: Vergleich der vereinfachten Modellierung und der naiven Schätzung (Gleichverteilung) mit der Simulation bei niedrigem Lieferbereitschaftsgrad.

auch, dass die Ergebnisse sehr ungenau sein können, wenn diese Bedingungen auch nur leicht verletzt werden. Vor allem wenn man feststellt, dass es auf einer Stufe der Supply Chain zu Lieferengpässen kommen kann, sollte das Verfahren nicht verwendet werden.

5.2.2 Rekursives Dekompositionsmodell für diskrete Wahrscheinlichkeitsverteilungen

Da die Approximation aus Abschn. 5.2.1 Schwächen zeigt im Falle knapp bemessener Puffer, soll im Folgenden ein Modell entwickelt werden, das trotz möglicher Lieferengpässe in der Supply Chain zu zufriedenstellenden Ergebnissen führt. Dazu wird die Supply Chain in $N-1$ Teilsysteme zergliedert, die jeweils aus zwei Produktionsstufen bestehen, mit einem Supermarkt dazwischen und einem Supermarkt als Ausgangspuffer (s. Abbildung 5.3). Das Verfahren läuft prinzipiell so ab, dass das Verhalten eines Teilsystems untersucht wird mit besonderem Augenmerk auf die Schnittstelle des mittleren Puffers mit der kundennäheren Maschine. Das Verhalten an dieser Schnittstelle wird dann als Eingangsgröße für das stromaufwärts oder stromabwärts angrenzende Teilsystem verwendet. Da sich die Stufen einer Supply Chain wechselseitig beeinflussen, sind mehrere Iterationen erforderlich, bis das Verfahren konvergiert.

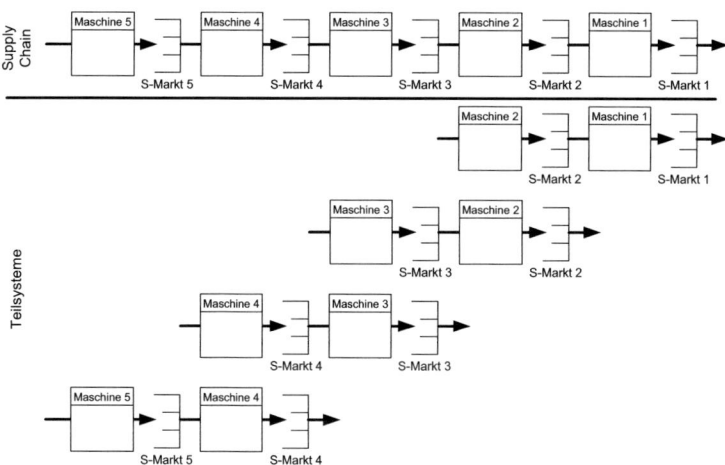

Abbildung 5.3: Teilsysteme der dekomponierten Analyse.

Das Verhalten der Teilsysteme ist abhängig von der Kapazität der beiden Maschinen und der Kanban-Anzahl in den Puffern. Die anderen Kettenteile wirken auf ein Teilsystem über die Nachfrage und über die Versorgung mit Material ein. Die

Produktion der kundenferneren Stufe dieses Teilsystems ist abhängig von $Z^{S+1}(t)$ der Anzahl Kanban, die als Produktionsaufträge an der Produktionsressource vorliegen, von der verfügbaren Maschinenkapazität im aktuellen EPEI $C^{S+1}(t)$ und vom verfügbaren Vormaterial $L^{S+1}(t)$ (s. Abbildung 5.4):

$$Pr^{S+1}(t) = \min\{Z^{S+1}(t); C^{S+1}(t); L^{S+1}(t)\}. \tag{5.16}$$

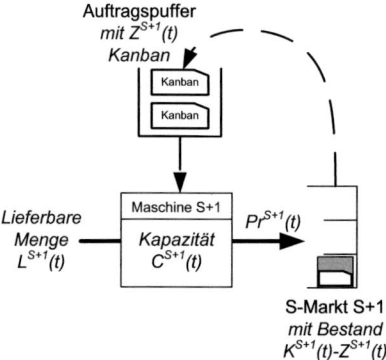

Abbildung 5.4: Einflussgrößen auf die Produktionsmenge der kundenferneren Stufe eines Teilsystems.

Auf der stromabwärts gelegenen Stufe kann das verfügbare Material beschrieben werden durch die Summe aus dem letzten Bestand der stromaufwärts gelegenen Stufe $K^{S+1} - Z^{S+1}(t)$ und der aktuellen Produktion $Pr^{S+1}(t)$ (s. Abbildung 5.5). Die Formel zur Berechnung der Produktionsmenge auf dieser Stufe ist daher von Gleichung 5.16 verschieden:

$$Pr^{S}(t) = \min\{Z^{S}(t); C^{S}(t); K^{S+1} - Z^{S+1}(t) + Pr^{S+1}(t)\}. \tag{5.17}$$

Die Bestandsentwicklung des Teilsystems von einer Periode zur nächsten folgt den Gleichungen 5.3 und 5.4. Der dabei aufgespannte zweidimensionale Zustandsraum kann mit Gleichung 5.5 eindimensional codiert werden und umgekehrt kann mit Gleichung 5.6 aus dem Zustandscode wieder der Zustand auf jeder Stufe ermittelt werden.

Zur Abbildung der Kanban-Logik mit einer begrenzten Anzahl von Karten in jedem Kreislauf wird die Wahrscheinlichkeit einer Nachfrage $D^{S}(t) = m$ auf der Stufe S in Abhängigkeit vom aktuellen Bestand im Ausgangspuffer $I^{*S}(t) = K^{S} - Z^{S}(t) + Pr^{S}(t) = i$ modelliert:

$$P\left(D^{S} = m \wedge I^{*S}(t) = i\right) = {}^{i}d_{m}^{S}(t) \quad \forall \, S = 2(1)N - 1, \tag{5.18}$$

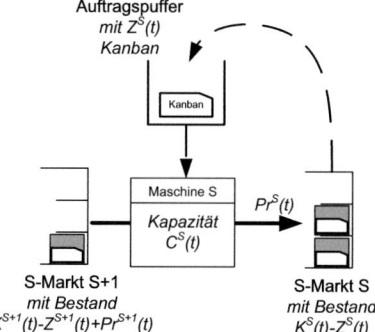

Abbildung 5.5: Einflussgrößen auf die Produktionsmenge der kundennäheren Stufe eines Teilsystems.

denn die Nachfrageinformation wird über einen Kanban weitergegeben, wenn ein Produkt aus dem Puffer entnommen wird. Somit kann die Nachfrage die Anzahl der verbliebenen Produkte im Puffer nicht übersteigen. Nur die externe Endkundennachfrage wird als unabhängig vom Bestand angenommen:

$$P\left(D^1 = 1 \wedge z^{*1}(t) = i\right) = {}^i d_m^1(t) = {}^j d_m^1(t) \quad \forall \, i, j = 0(1)K^1, \qquad (5.19)$$

Lieferengpässe, die das Teilsystem erfährt und dessen Produktion beschränken, werden darüber abgebildet, dass die Lieferung $L^{S+1}(t) = j$ gleich der benötigten Menge $\min\{Z^{S+1}(t); C^{S+1}(t)\} = m$ oder kleiner sein kann. Die Liefermenge folgt daher auch einer Wahrscheinlichkeitsverteilung, die folgendermaßen notiert wird:

$$P\left(L^{S+1}(t) = j \wedge \min\{Z^{S+1}(t); C^{S+1}(t)\} = m\right) = {}^m l_j^{S+1} \qquad (5.20)$$

Da alle Eingangsgrößen zeitinvariant sind, das Verhalten der Supply Chain ergodisch ist und auch die Teilsysteme als irreduzible, aperiodische Markov-Kette (s. Abschn. 3.2.1) zu beschreiben sind, wird bei der Beschreibung des Verfahrensablaufs auf den Zeitindex verzichtet.

Zu Beginn des Verfahrens wird davon ausgegangen, dass der Bedarf der Teilsysteme immer voll erfüllt wird, d. h. die Liefermatrix wird initialisiert mit:

$$
{}^j l_m^{S+1} = \begin{cases} 1 & \forall \, m = 0(1)C_{\max}^{S+1}, \; j = m, \; S = 1(1)N - 1 \\ 0 & \text{sonst.} \end{cases} \qquad (5.21)
$$

Rückwärtsiteration - Schritt 1: Berechnung des ersten Teilsystems

Die Iteration startet mit der Analyse des kundennächsten Teilsystems ($S = 1$) als Markov-Kette. Dazu muss zunächst die Übergangsmatrix erzeugt werden, indem man, ausgehend von jedem möglichen Zustand (Z^S, Z^{S+1}) des zweistufigen Systems über alle Liefermengen L^{S+1}, über alle Produktionskapazitäten C^S und C^{S+1} und über alle Nachfragemengen D^S iteriert. Genauso wie im Modell von Abschnitt 5.1 wird zunächst die Produktionsmenge berechnet (Gleichungen 5.16 und 5.17), dann wird der Zustand bestimmt, in den das System damit übergeht (Gleichungen 5.3 und 5.4), um schließlich das Produkt aus den Wahrscheinlichkeiten für die Liefermenge, für die Kapazitäten und für die Nachfrage an der entsprechenden Stelle der Übergangsmatrix hinzu zu addieren. Mit der Übergangsmatrix ist es möglich, die Zustandswahrscheinlichkeiten des kundennächsten Teilsystems als Lösung des Gleichungssystems 3.16 zu berechnen.

Berechnung der zustandsbedingten Nachfrage

An Hand der Lösung für das erste Teilsystem kann die zustandsbedingte Nachfrage $^j d_m^2$ berechnet werden, die von der Maschine 1 am Supermarkt 2 induziert wird. Diese Nachfrage entspricht der Produktionsmenge der Maschine 1. Sie ist abhängig davon, wie viel Material im Supermarkt 2 bereitsteht, nachdem Maschine 2 produziert hat (Z^{*S+1}), davon, wie viel die Maschine 1 maximal produzieren muss, um den Supermarkt 1 ganz aufzufüllen (Z^S) und abhängig von der verfügbaren Kapazität der Maschine 1 (C^S). Zur Berechnung der Wahrscheinlichkeit einer Nachfrage von m bei einem Defizit von j im Supermarkt $S + 1$ muss man unterscheiden, ob der Bestand im Supermarkt 2 die Produktion der Maschine 1 begrenzt oder nicht:

Fall 1: Der Bestand kann die Produktion begrenzen ($K^{S+1} - j = m$)

$$^j d_m^{S+1} = \frac{P(Z^S \geq m \mid Z^{*S+1} = j)}{P(Z^{*S+1} = j)} \cdot \sum_{r=m}^{C_{\max}^S} c_r^S. \tag{5.22}$$

Fall 2: Der Bestand begrenzt die Produktion nicht ($K^{S+1} - j > m$)

$$^j d_m^{S+1} = \frac{P(Z^S > m \mid Z^{*S+1} = j)}{P(Z^{*S+1} = j)} \cdot c_m^S + \frac{P(Z^S = m \mid Z^{*S+1} = j)}{P(Z^{*S+1} = j)} \cdot \sum_{r=m}^{C_{\max}} c_r^S. \tag{5.23}$$

Die bedingte Wahrscheinlichkeit, dass auf der Stufe $S + 1$ nach der Produktion ein Defizit von $Z^{*S+1} = j$ verbleibt und auf Stufe S vor der Produktion ein Defizit von

$Z^S = m$ besteht, kann man aus den Zustandswahrscheinlichkeiten des Teilsystems, der Kapazität C^{S+1} und der Lieferung L^{S+1} berechnen:

$$P(Z^S = m \mid Z^{*S+1} = j) = \sum_{r=0}^{\min\{C_{\max}^{S+1}, K^{S+1}-j\}} \left[P\big(\Psi(Z^S = m, Z^{S+1} = j + r)\big) \right.$$

$$\left. \cdot \left(\sum_{u=r}^{\min\{C_{\max}^{S+1}, j+r\}} (c_u^{S+1} \cdot {}^u l_r) + \sum_{v=j+r+1}^{C_{\max}^{S+1}} (c_v^{S+1} \cdot {}^{j+r} l_r) \right) \right]. \tag{5.24}$$

Aus diesen bedingten Wahrscheinlichkeiten kann die Wahrscheinlichkeit eines Bestands nach der Produktion auf $S + 1$ als die Summe der bedingten Zustandswahrscheinlichkeiten berechnet werden:

$$P(Z^{*S+1} = j) = \sum_m P(Z^S = m \mid Z^{*S+1} = j) \tag{5.25}$$

Wenn ein Zustand $Z^{*S+1} = j$ gar nicht auftritt, ist die Wahrscheinlichkeit gleich Null und Gleichung 5.22, bzw. 5.23 ist nicht lösbar. Dann kann die Nachfrage so gesetzt werden, dass sie weitgehend der Nachfrage entspricht, die auftritt wenn sich ein Kanban mehr im Ausgangslager befindet:

$$ {}^j d_m^{S+1} = \begin{cases} {}^{j-1} d_m^{S+1} & \forall \ j < m - 1 \\ {}^{j-1} d_m^{S+1} + {}^{j-1} d_{m+1}^{S+1} & \text{wenn } j = m \end{cases} \tag{5.26}$$

Rückwärtsiteration - Schritte 2 bis N − 2

Die Iteration wird entgegen der Materialflussrichtung fortgesetzt mit der Analyse des nächsten Teilsystems und der Berechnung der zugehörigen zustandsbedingten Nachfrage. Dieses Vorgehen wird solange wiederholt, bis das vorletzte Teilsystem mit den Stufen $S = N - 2$ und $S = N - 1$ erreicht ist (Abbildung 5.6). Die zustandsbedingte Nachfrage des letzten Teilsystems ist keine Eingangsgröße für ein anderes Teilsystem. Daher wird auf deren Berechnung verzichtet und die Analyse des $N - 1$.ten Teilsystems ist Teil der Vorwärtsiteration.

Vorwärtsiteration zur Bestimmung möglicher Lieferengpässe

Ziel der Vorwärtsiteration in Richtung des Materialflusses ist es, die Wahrscheinlichkeiten dafür zu ermitteln, dass der Materialbedarf eines Teilsystems ganz oder nur teilweise erfüllt wird. Die Analyse beginnt mit dem kundenfernsten Teilsystem, bestehend aus den Stufen $S = N - 1$ und $S = N$. Dieses System wird mit der zustandsbedingten Nachfrage beaufschlagt, die in der Rückwärtiteration ermittelt wurde. Die Wahrscheinlichkeit der nachfragebedingten Liefermengen des Teilsystems

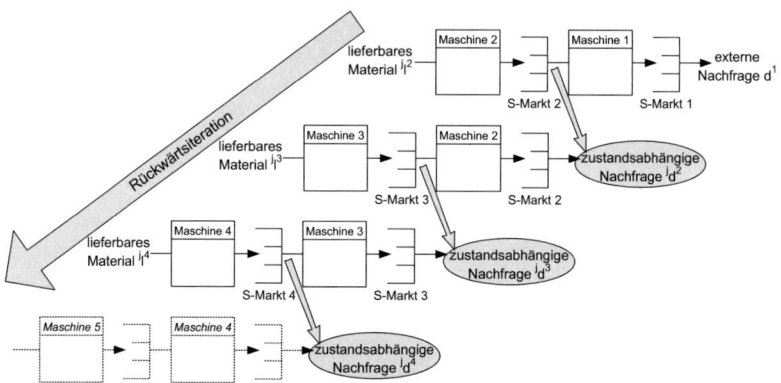

Abbildung 5.6: Ablauf der Rückwärtsiteration mit der Approximation der zustandsabhängigen Nachfragen.

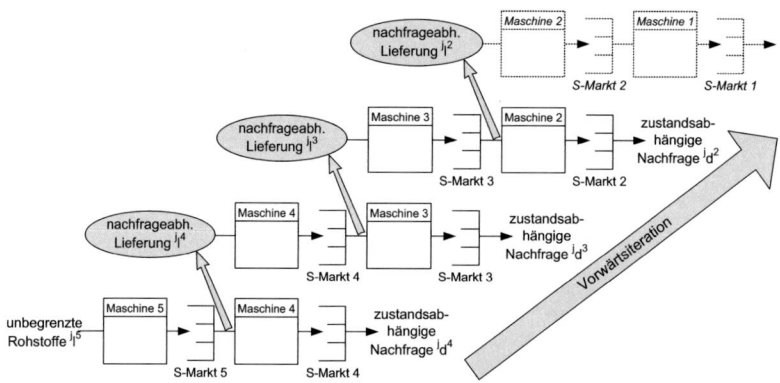

Abbildung 5.7: Ablauf der Vorwärtsiteration zur Ermittlung von Lieferengpässen.

verbleiben immer beim Initialwert, da die erste Stufe der Supply Chain über einen unbegrenzten Zugang zu Rohstoffen verfügt.

Es folgt die Untersuchung der Schnittstelle von Supermarkt N und Maschine $N-1$ daraufhin, mit welcher Wahrscheinlichkeit eine Menge $L = m$ bereitgestellt wird, wenn die Maschine $N-1$ eine Menge von j verarbeiten könnte (Abbildung 5.7). Zu unterscheiden ist dabei der Fall, dass die Belieferung mit Material die Produktion einschränkt, vom Fall dass die Versorgung kein begrenzender Faktor für die Produktion ist:

Fall 1: Die Belieferung begrenzt die Produktion $(j > m)$

$$
\begin{aligned}
{}^{j}l_{m}^{S} =\ & \frac{P(Z^{S} > j \mid Z^{*S+1} = K^{S+1} - m)}{\delta_{j}} \cdot c_{j}^{S} \\
& + \frac{P(Z^{S} = j \mid Z^{*S+1} = K^{S+1} - m)}{\delta_{j}} \cdot \sum_{r=j}^{C_{\max}} c_{r}^{S}.
\end{aligned}
\tag{5.27}
$$

Fall 2: Die Belieferung begrenzt die Produktion nicht $(j = m)$

$$
\begin{aligned}
{}^{j}l_{m}^{S} =\ & \frac{P(Z^{S} > j \mid Z^{*S+1} \leq K^{S+1} - m)}{\delta_{j}} \cdot c_{j}^{S} \\
& + \frac{P(Z^{S} = j \mid Z^{*S+1} \leq K^{S+1} - m)}{\delta_{j}} \cdot \sum_{r=j}^{C_{\max}} c_{r}^{S}.
\end{aligned}
\tag{5.28}
$$

Die bedingten Zustandswahrscheinlichkeiten des Systems $P(Z^{S} = j \mid Z^{*S+1} = m)$ können über Gleichung 5.24 bestimmt werden. Die Gesamtwahrscheinlichkeit, dass eine Nachfrage von δ_{j} auftritt, kann in Abhängigkeit der Zustandswahrscheinlichkeiten und der Produktionskapazität ausgedrückt werden:

$$
\delta_{j} = P(Z^{S} > j) \cdot c_{j}^{S} + P(Z^{S} = j) \cdot \sum_{r=j}^{C_{\max}^{S}} c_{r}^{S} \qquad \forall\, j = 0(1)C_{\max}^{S}.
\tag{5.29}
$$

Falls eine Nachfragemenge nicht auftritt, d. h. $\delta_{j} = 0$, sind die Gleichungen 5.27 und 5.28 nicht lösbar, so dass die bisherige Dichtefunktion der Liefermengen ${}^{j}l_{m}$ für dieses j beibehalten wird.

Anschließend wird die Vorwärtsiteration mit der Analyse des nächsten Teilsystems in Materialflussrichtung fortgesetzt. Nach der Zustandswahrscheinlichkeit muss die nachfragebedingte Liefermengenverteilung berechnet werden, und die Vorwärtsiteration wird bis zur Stufe $S = 2$ fortgesetzt. Mit der Stufe $S = 1$ beginnt der nächste Durchlauf der Rückwärtsiteration, unter Verwendung der Liefermengenverteilung der Vorwärtsiteration.

Abbruchbedingung und Ergebnis

Für alle Teilsysteme werden die Zustandswahrscheinlichkeiten der letzten Rückwärtsiteration und der letzten Vorwärtsiteration gespeichert. Wenn die Änderungssumme der Zustandswahrscheinlichkeiten zwischen der vorhergehenden Rückwärtsiteration und der aktuellen Rückwärtsiteration plus die Änderungssumme zwischen der vorhergehenden Vorwärtsiteration und der aktuellen Vorwärtsiteration einen Grenzwert ϵ unterschreitet, wird das Verfahren abgebrochen. Da das Verfahren nur zu einer Approximation der Supply Chain führt, kann es sein, dass zwischen

Vorwärts- und Rückwärtsiteration noch Differenzen bestehen, die man bei der Auswertung berücksichtigen muss. Der Differenzbetrag ist ein Hinweis auf die Approximationsgenauigkeit für die analysierte Supply Chain.

Beim Abbruch des Verfahrens liegt für die Stufen $S = 1$ und $S = N$ jeweils nur ein Ergebnis vor, denn sie werden nur bei der Rückwärtsiteration ($S = 1$), bzw. bei der Vorwärtsiteration ($S = N$) berechnet. Für alle anderen Stufen liegen drei ($S = 2$ und $S = N - 1$) oder vier Ergebnisse vor, da sie ein- ($S = N - 1$) oder zweimal in den Teilsystemen der Rückwärtsiteration und ein- ($S = 2$) oder zweimal in den Teilsystemen der Vorwärtsiteration vorkommen. Das Ergebnis dieser Stufen ist daher das arithmetische Mittel aller vorliegenden Ergebnisse.

Ergebnisgüte des rekursiven Verfahrens

Das rekursive Dekompositionsverfahren ist zwar nicht exakt, es führt aber zu sehr viel genaueren Ergebnissen als die einfache Approximation. Dies soll an Hand des zweiten Beispiels aus Abschnitt 5.2.1 illustriert werden, bei dem das einfache Verfahren sehr schlecht abschneidet. Zwar ist das rekursive Verfahren auch im ersten Beispiel deutlich besser, da das einfache Verfahren hier aber gute Ergebnisse liefert, sind die möglichen Steigerungen begrenzt.

In dem zweiten Beispiel mit diskretisierten exponentialverteilten Wahrscheinlichkeitsdichten für Nachfrage und Kapazitäten bildet das rekursive Verfahren die Simulationsergebnisse nahezu perfekt ab. Die lineare Korrelation der Verteilungen beträgt mehr als 99% mit einem ebenso hohen Signifikanzniveau, während das einfache Verfahren nur auf wenigen Stufen einen deutlichen Zusammenhang zeigt (Abbildung 5.8a). Auch die einzelnen Zustandswahrscheinlichkeiten von Simulation und rekursivem Verfahren decken sich auf allen Stufen der Supply Chain nahezu perfekt. Wie in Abbildung 5.8b zu erkennen ist, ist die mittlere absolute Abweichung (MAD) ungefähr um den Faktor 100 geringer als beim einfachen Verfahren.

Allerdings sind die Approximationen des rekursiven Verfahrens nicht immer derart genau. Das Verfahren lässt die Autokorrelation der Nachfragen innerhalb der Kette außer acht, was im Einzelfall zu fehlerbehafteten Ergebnissen führen kann. Dies soll an einem einfachen Beispiel demonstriert werden: Im Unterschied zum vorangegangenen Beispiel werden die Kapazitäten der siebenstufigen Supply Chain als zuverlässig, d. h. deterministisch angenommen. Nur bei der sechsten Stufe gibt es eine Wahrscheinlichkeit dafür, dass die Kapazität etwas geringer ist als in der restlichen Kette. Die mittlere Kapazität liegt aber dennoch über der mittleren Nachfrage. Die Nachfrageverteilung und die Kanban-Anzahlen entsprechen dem vorhergehenden Beispiel.

Durch die deterministischen Kapazitäten der kundennahen Stufen sind die Nachfragen, die die sechste Stufe erreichen, stark autokorreliert. Während die Endkundennachfrage nicht mit sich selbst korreliert, bei einer Verschiebung um ein EPEI, beträgt die Autokorrelation anschließend schon $0,5$ (s. Abbildung 5.9). Die längeren Sequenzen großer Nachfragen machen es möglich, dass sich das Lager stärker leert,

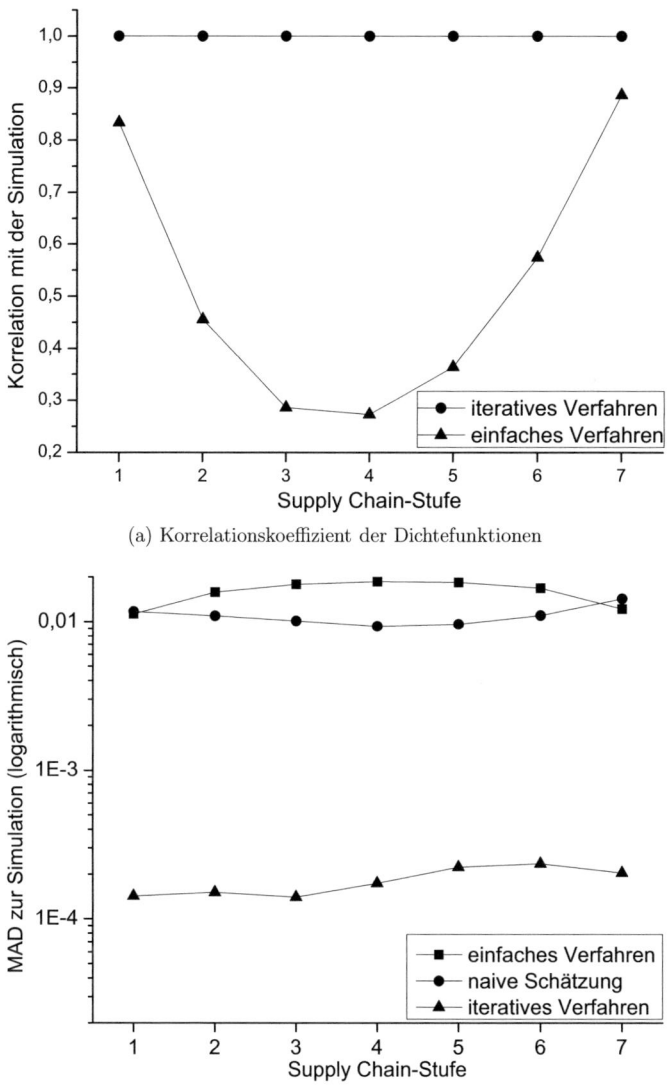

(a) Korrelationskoeffizient der Dichtefunktionen

(b) mittlere Abweichung der Zustandswahrscheinlichkeiten

Abbildung 5.8: Ergebnisgüte des iterativen Verfahrens gemessen am Simulationsergebnis in einem Beispiel mit niedrigem Lieferbereitschaftsgrad.

als es bei unabhängigen Nachfragen der Fall wäre. Denn bei unabhängigen Nachfragen kann sich der Bestand zwischenzeitlich immer wieder regenerieren. In der iterativen Approximation werden daher die Wahrscheinlichkeiten für geringe Bestände systematisch unterschätzt und die einzelnen Zustandswahrscheinlichkeiten unterscheiden sich z. T. deutlich vom Simulationsergebnis.

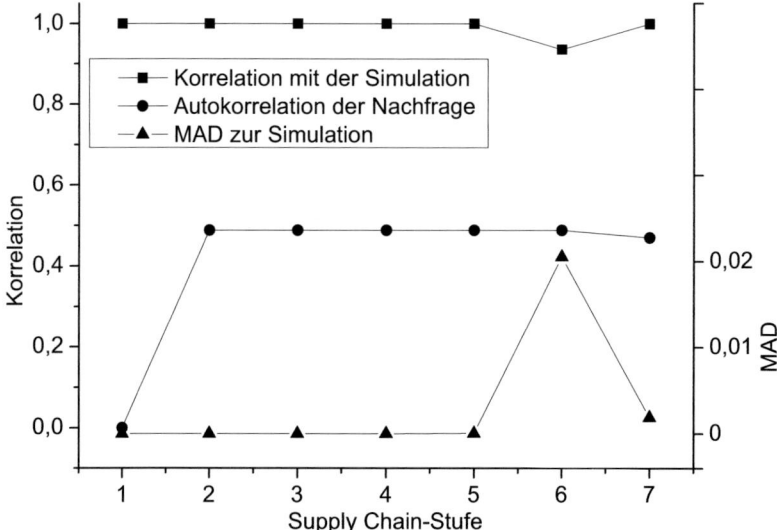

Abbildung 5.9: Auswirkungen der Autokorrelation (verschoben um ein EPEI) auf die Approximationsgüte beim iterativen Verfahren.

Im untersuchten Beispiel gilt das vor allem für die nicht deterministisch arbeitende sechste Stufe. Auf den anderen Stufen sind die Ergebnisse nahezu exakt, mit Abweichungen im niedrigen einstelligen Prozentbereich für die Quantile der Verteilungen. Allerdings kann das rekursive Verfahren auch auf den Stufen vier und fünf die (sehr kleinen) Wahrscheinlichkeiten für ein leeres Lager nicht abbilden. Denn ein leeres Lager auf der sechsten Stufe führt dazu, dass die folgenden Stufen nicht ausreichend versorgt werden und der Bestand auch dort geringer wird.

Aus diesen Erfahrungen mit dem rekursiven Verfahren lässt sich schließen, dass die Ergebnisse sehr gut sind, wenn eine homogene Supply Chain untersucht wird oder wenn die Prozesse nicht zu stabil sind. Bei sehr unterschiedlichen, aber (wenigstens teilweise) stabilen Prozessen sollte auf eine Simulation zurückgegriffen werden.

6 Bestände in Heijunka-nivellierten Systemen an praktischen Beispielen

Ein Zwerg, der auf den Schultern eines Giganten steht,
wird weiter sehen können als der Gigant selbst.
Didacus Stella nach Robert Burton

In den vorangegangenen Kapiteln wurden verschiedene Modelle entwickelt, mit denen die Bestände in Heijunka-nivellierten Systemen analysiert werden können. In diesem Kapitel werden einige dieser Modelle beispielhaft angewendet, und es werden Bestandseffekte in Heijunka-nivellierten Systemen an praxisnahen Beispielen gezeigt.

In Abschnitt 6.1 wird zunächst eine Bestandsanalyse und -optimierung am Beispiel einer Produktion von Sensorelektronik durchgeführt. Die optimale Parametrisierung eines nivellierten Systems bei saisonalem Nachfrageverlauf wird im zweiten Beispiel, das der Heiztechnik-Branche entstammt, untersucht (Abschnitt 6.2). Schließlich werden in Abschnitt 6.3 Auswirkungen instabiler Produktionsprozesse auf eine Supply Chain gezeigt. Die Maschinenverfügbarkeiten folgen dabei Verteilungen, die bei einem großen Automobilzulieferer gemessen wurden.

6.1 Beispiel 1: Bestandsanalyse und -optimierung bei stationärer Nachfrage

Das erste Beispiel dieses Kapitels ist angelehnt an ein Projekt, in dem die Endmontage von elektronisch-optischen Sensoren nivelliert wurde. Das Ziel der Nivellierung war es, mehr Transparenz in der Produktionsplanung zu erreichen, hinsichtlich deren Auswirkungen auf die Fertigwarenbestände und um die Prozesse in der Endmontage besser aufeinander abstimmen zu können. Denn vorher waren die durchschnittlichen Bestände in der Montagelinie und im Fertigwarenlager sehr hoch, bei zugleich unbefriedigender Termintreue dem Kunden gegenüber. Zudem sollten bei der vorgelagerten, wenig flexiblen E-Kartenproduktion stabile und mittelfristig prognostizierbare Verbräuche induziert werden.

In diesem Abschnitt wird am Beispiel der Nachfrage nach einem einzelnen Sensortyp gezeigt, zu welchem Systemverhalten die nivellierte Produktionsplanung führt und welche Auswirkungen unterschiedliche Parametrisierungen haben können. Verwendet werden dazu das Bestandsmodell für eine nivellierte Produktion bei unbegrenztem Auftragsrückstand (s. Abschnitt 3.3) und die Optimierungsansätze aus Abschnitt 4.1.

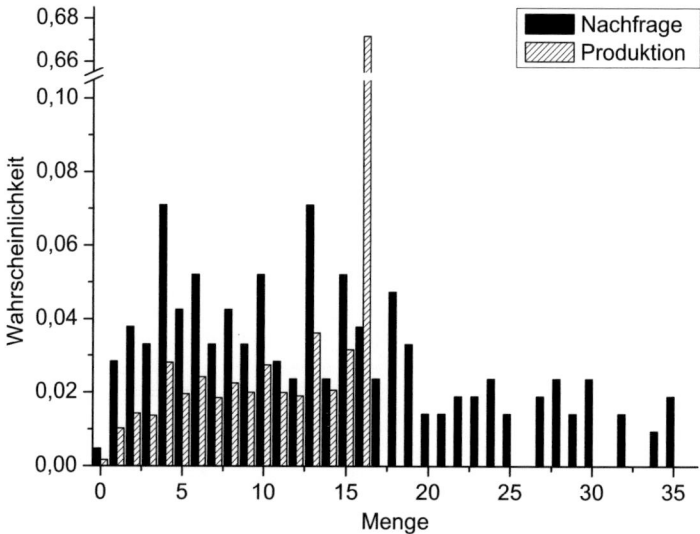

Abbildung 6.1: Kundennachfrage und nivellierte Produktion von elektronisch-optische Sensoren.

Die Nachfrageverteilung ist abgeleitet aus den über zehn Monate hinweg beobachteten täglichen Bestellmengen nach einem Sensortyp. Die mittlere Nachfrage beträgt 13, 6 pro Tag, bei einer Standardabweichung von 8, 89. Der Sensor soll täglich montiert werden (d. h. EPEI = 1 Tag), wobei zunächst eine Zeitscheibe reserviert wird, die einer Produktionskapazität von 16 Stück entspricht. Da die Montage ein sehr zuverlässiger und getakteter Prozess ist, wird die Kapazität als deterministisch angenommen. Die Nachfrage lastet die reservierte Zeitscheibe im Mittel zu ca. 85% aus. Durch die Nivellierung wird eine Nachfragemenge, die die reservierte Produktionskapazität übersteigt „gekappt" und auf Perioden mit geringerer Nachfrage übertragen. Wie Abbildung 6.1 zeigt, führt der Übertrag dazu, dass die Kapazität in nahezu 70% der EPEIs voll genutzt wird und dass kleine Produktionsmengen sehr viel seltener sind als kleine Nachfragemengen. Insgesamt ist die Varianz, die an die versorgenden Prozesse weitergegeben wird, damit um fast 78% geringer als die Nachfragevarianz[1].

---

[1]Das entspricht einer Halbierung der Standardabweichung.

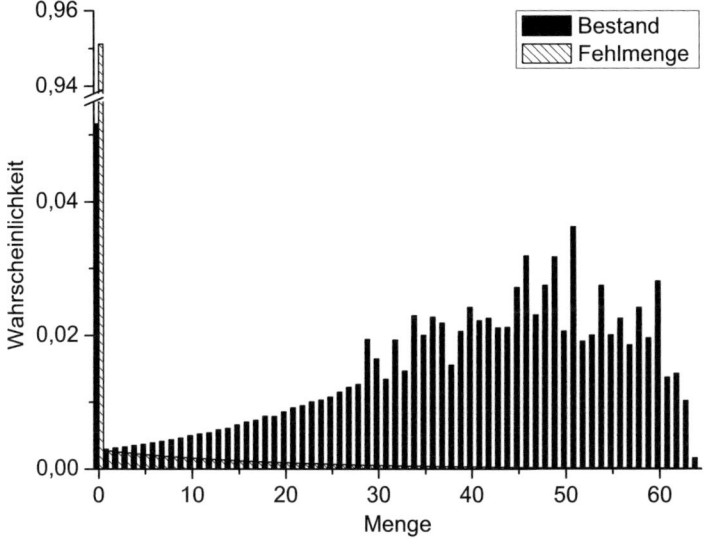

Abbildung 6.2: Wahrscheinlichkeiten für Bestand und Fehlmengen bei 64 Kanban im Regelkreis.

Bei der Analyse der Lagerbestandsmengen wird davon ausgegangen, dass die Produktionsmengen noch im gleichen EPEI zur Auslieferung an den Kunden verfügbar sind. Wenn die Produktionsdurchlaufzeit länger wäre, müssten zusätzlich die Gleichungen aus Abschnitt 3.4 angewendet werden. Um den angestrebten Liefererfüllungsgrad von mindestens 95% zu erreichen, werden 64 Kanban in den Kreislauf gegeben. Der mittlere Bestand, der sich dann einstellt, beträgt $38, 39$ bei einer mittleren Fehlmenge von $0, 90$. In Abbildung 6.2 erkennt man, dass die Zustandswahrscheinlichkeiten für einen hohen Lagerfüllungsgrad noch stark von der Kundennachfrage geprägt sind. Das liegt daran, dass das volle Lager der häufig erreichte Erneuerungzeitpunkt der zufälligen Irrfahrt ist. Im ersten Schritt von dort aus hängt der Zustand allein von einer einmaligen Nachfrage ab. Später verliert sich der Einfluss der Nachfrageverteilungsform, weil die Zustände vom Erneuerungzeitpunkt aus über verschiedenste Kombinationen von Nachfragen erreicht werden können. Die vielfachen Faltungen „glätten" die Verteilung.

Am Ende von Abschnitt 4.1 wurde bereits erklärt, dass ein Servicegrad von 95% optimal ist bei einer Relation des Bestands- zum Fehlmengenkostensatz von eins zu neunzehn. In Abbildung 6.3 ist der Verlauf der Kostensumme bei eben diesem Kostenverhältnis in Abhängigkeit von der Kanban-Anzahl aufgetragen. Der Verlauf der Kostenfunktion ist im Bereich des Optimums sehr flach, was mit den Ergebnissen

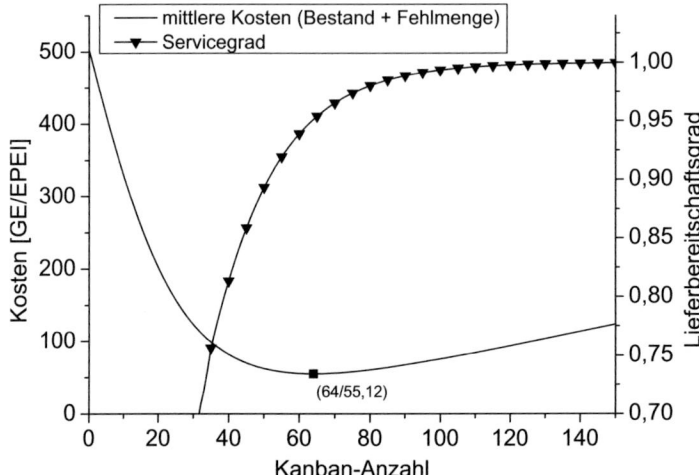

Abbildung 6.3: Mittlere Kosten für Bestand und Fehlmenge in der nivellierten Produktion bei unterschiedlicher Kanban-Anzahl und einer Kapazität von 16 Stück je EPEI.

von Hopp und Spearman (2000, S.357f) korrespondiert, die die Robustheit der Pull-Steuerung zeigen. Wenn aber die Kanban-Anzahl deutlich zu klein gewählt wird, werden die Gesamtkosten sehr viel größer wegen des sehr hohen Fehlmengenkostensatzes im Vergleich zu den Bestandskosten. Dem gegenüber ist der Kostenanstieg bei im gleichen Ausmaß zu großer Kanban-Anzahl moderat. In der Praxis sollte die Kanban-Anzahl daher keinesfalls dauerhaft zu knapp bemessen werden.

Als weiteren Parameter kann man bei der Heijunka-Nivellierung die Kapazität je EPEI anpassen. Das beeinflusst sowohl den benötigten Bestand als auch den nivellierenden Effekt. Wenn das System sehr hoch ausgelastet ist, werden fast alle Nachfrageschwankungen ausgeglichen (Abbildung 6.4). Mit steigender Kapazität nimmt der Nivellierungseffekt dagegen schnell ab, und zwar stärker als die Auslastung sinkt. Allerdings muss man in der Praxis berücksichtigen, dass ein sehr hoch ausgelastetes System auch überproportional höhere Bestände erfordert und schon kleine Prognoseungenauigkeiten bei einer zu knappen Auslegung zu Lieferengpässen führen können. Generell ist die Kapazitätsauslegung eine Abwägung zwischen den Kosten zur Bereitstellung der Kapazität und den Bestands- und Fehlmengenkosten. In Abbildung 6.5 ist zu erkennen, wie sowohl Bestands- als auch Fehlmengenkosten mit steigender Kapazität abnehmen und die Kapazitätskosten zunehmen. Bewertet man die Kosten für die Kapazitätsbereitstellung ebenso hoch wie die Kosten für die Lagerhaltung (1 GE) und für Fehlmengen (19 GE) zusammen, ist die Kapazität von 16 je EPEI optimal. Das entspricht einer Kapazitätsauslastung von 85%. Eine

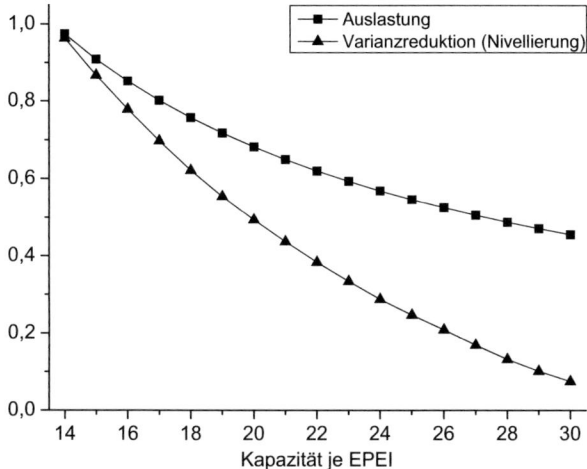

Abbildung 6.4: Auslastung der reservierten Kapazität und der Nivellierungseffekt im Vergleich.

Sensitivitätsanalyse zeigt, dass diese Kapazität optimal bleibt, so lange die Kapazitätskosten zwischen 14 GE pro EPEI und 36 GE pro EPEI liegen. Sind die Kosten höher, ist es besser eine kleinere Kapazität bereitzustellen, bei geringeren Kosten sollte die Kapazität größer gewählt werden.

Auch in der Analyse anderer Praxisbeispiele hat sich vielfach gezeigt, dass die optimale Auslastung des Nivellierungsmusters im Bereich von 85%-90% optimal ist. Da die Nachfrage in diesem Beispiel stark schwankt, liegt die Auslegung am unteren Ende der Bandbreite. Je geringer die Nachfrageschwankungen sind, desto weniger Reserven sind nötig um Nachfragespitzen aufzuholen und desto höher kann auch die Auslastung des Systems ausgelegt werden.

6.2 Beispiel 2: Bestandsoptimierung bei saisonal geprägter Nachfrage

Die optimale Auslegung Heijunka-nivellierter Systeme bei saisonal geprägter Nachfrage soll an einem Beispiel aus der Heiztechnik-Branche demonstriert werden. Die Nachfrage in dieser Branche ist geprägt von einer Hochsaison im Herbst und im frühen Winter. Bestehende Anlagen fallen zu dieser Zeit besonders häufig aus, wenn sie nach dem Teillastbetrieb im Sommer erstmals wieder die volle Leistung bringen müssen und Rohbauten, die im Sommerhalbjahr erstellt wurden, müssen neu ausgestattet werden. Der Frühling ist dagegen eine ausgeprägte Nebensaison, da dann die

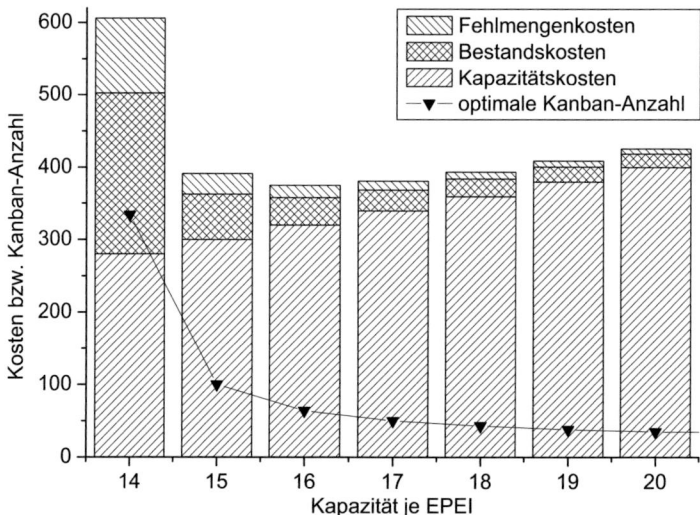

Abbildung 6.5: Vergleich der Gesamtkosten bei unterschiedlicher Produktionskapazität je EPEI.

Bautätigkeit erst wieder beginnt und bei steigenden Außentemperaturen kaum noch Anlagenausfälle zu verzeichnen sind. Die typische Nachfrage im Jahresverlauf kann daher in eine Haupt-, Neben- und Zwischensaison unterteilt werden (Abbildung 6.6), für die jeweils eine eigene Nachfrageverteilung berechnet wird.

Zunächst soll die optimale Kanban-Anzahl im Jahresverlauf berechnet werden ohne die Berücksichtigung von Kosten für die Parameteränderung. Dazu kann das Modell aus Abschnitt 4.2.1 verwendet werden. Wie schon im vorhergehenden Beispiel werden die Lagerhaltungskosten mit 1 GE pro EPEI und Auftragsrückstandskosten mit 19 GE pro EPEI bewertet. Der Auftragsrückstand ist auf maximal zehn Stück begrenzt. Nachfragen, die darüber hinausgehen, werden in einem separaten Prozess erfüllt oder gehen verloren, was Kosten von 100 GE pro Stück verursacht. Zur algorithmischen Vereinfachung der Beispielrechnungen wird die Länge des Saisonzyklus' proportional auf fünfzig Perioden verkürzt. Ferner wird angenommen, dass im Heijunka-Brett eine Kapazität von 18 Stück je EPEI für das Produkt reserviert wird. Das entspricht einer Auslastung von 92% in der Hauptsaison und 59% in der Nebensaison.

Als Ergebnis des Verfahrens erhält man die optimale Kanban-Anzahl im Zyklusverlauf. In Abbildung 6.8 erkennt man, dass sich die optimale Kanban-Anzahl zwischen 15 Stück in der Nebensaison und 35 Stück unmittelbar vor dem Beginn der Hauptsaison bewegt. Die Anpassung erfolgt stets antizipierend, d. h. die Kanban-Anzahl

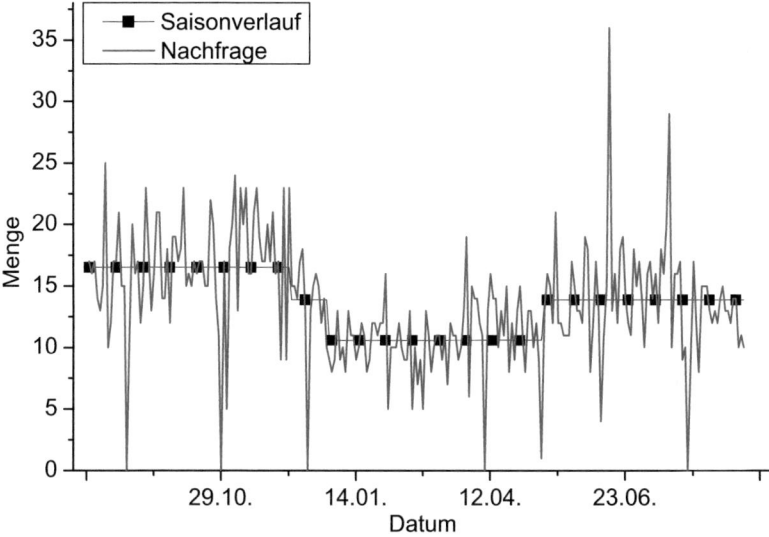

Abbildung 6.6: Saisonale Nachfrage nach Thermotechnikgeräten.

wird schon im Verlauf der Hauptsaison vermindert, und sie wird bereits vor dem Eintritt einer nachfragestärkeren Saison wieder erhöht. Weiterhin bemerkenswert ist, dass die Karten-Anzahl zum Ende der Hauptsaison sinkt, für die darauf folgende kurze Phase der Zwischensaison aber wieder kurzfristig etwas erhöht wird. Das ist durch die größere Variabilität der Nachfrage in der Zwischensaison zu erklären im Vergleich zur Hauptsaison.

Für Bestand und Fehlmenge entstehen erwartete durchschnittliche Kosten je EPEI von $13,32$ GE, wenn die Kanban-Anzahl im Jahreszyklus verändert wird. Demgegenüber stehen Kosten von $17,39$ GE je EPEI, wenn man die Karten-Anzahl im ganzen Jahr unverändert bei der dann optimalen Anzahl von 27 Stück belässt. Somit bringt die Parameteranpassung an den bekannten Saisonverlauf in diesem Beispiel eine Kostenersparnis von $23,4\%$.

In der Praxis ist eine andauernde Parameteranpassung in der Regel nicht wirtschaftlich, weil die Veränderung der Kanban-Anzahl selbst und die Abstimmung mit den vorgelagerten Stufen zur Vermeidung des Bullwhip-Effekts (Abschnitt 4.3.2) mit Aufwand verbunden sind. Um diesen Zusammenhang abzubilden, werden im untersuchten Beispielsystem Kosten zur Parameteranpassung eingeführt. Es ist dann nicht mehr möglich, eine optimale Entscheidung nur in Abhängigkeit vom Zeitpunkt im Saisonzyklus anzugeben, sondern es müssen zusätzlich die bisher gewählte Kanban-Anzahl und der aktuelle Bestand berücksichtigt werden. Die Darstellung

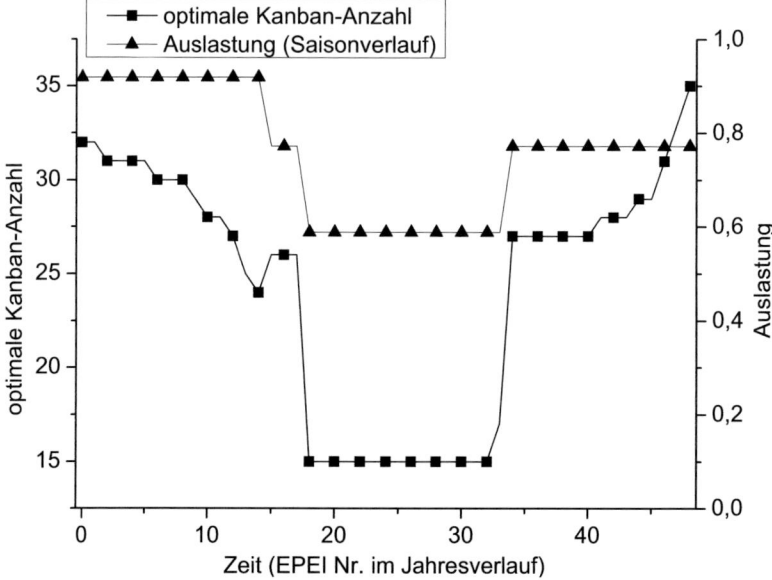

Abbildung 6.7: Optimale Kanban-Anzahl im saisonalen Zyklus ohne Kosten für die Parameteranpassung.

der optimalen Politik bei geringen Anpassungskosten von 1 GE in Abbildung 6.8 ist daher vierdimensional:

- Die erste Dimension stellen die Teilgrafiken dar, die in Abhängigkeit von der bisherigen Kanban-Anzahl gelten.
- Die zweite Dimension ist die Hochachse in den Teilgrafiken. Sie repräsentiert den aktuellen Bestand, zum Entscheidungszeitpunkt.
- Als dritte Dimension gibt die Abszisse der Teilgrafiken, an zu welchem Zeitpunkt im Jahreszyklus die Entscheidung fällt.
- Die Entscheidung für die neue Kanban-Anzahl wird in der Grafik als vierte Dimension von der Graustufe repräsentiert.

Durch die Einführung von Kosten für die Anpassung der Kanban-Anzahl ist eine Veränderung nur lohnend, wenn sich das Produktionsverhalten dadurch unmittelbar verändert und somit tatsächlich Einfluss auf die erwarteten Bestands- und Fehlmengenkosten genommen wird. Wird hingegen sowieso mit der vollen Kapazität oder gar nicht produziert, so ist eine Parameterveränderung in der Regel nicht lohnend. Bei dem Experiment, das Abbildung 6.8 zu Grunde liegt, wurden Kosten von 1 GE für eine Parameteränderung erhoben, und es standen 15, 18, 24, 27, 30 oder 33

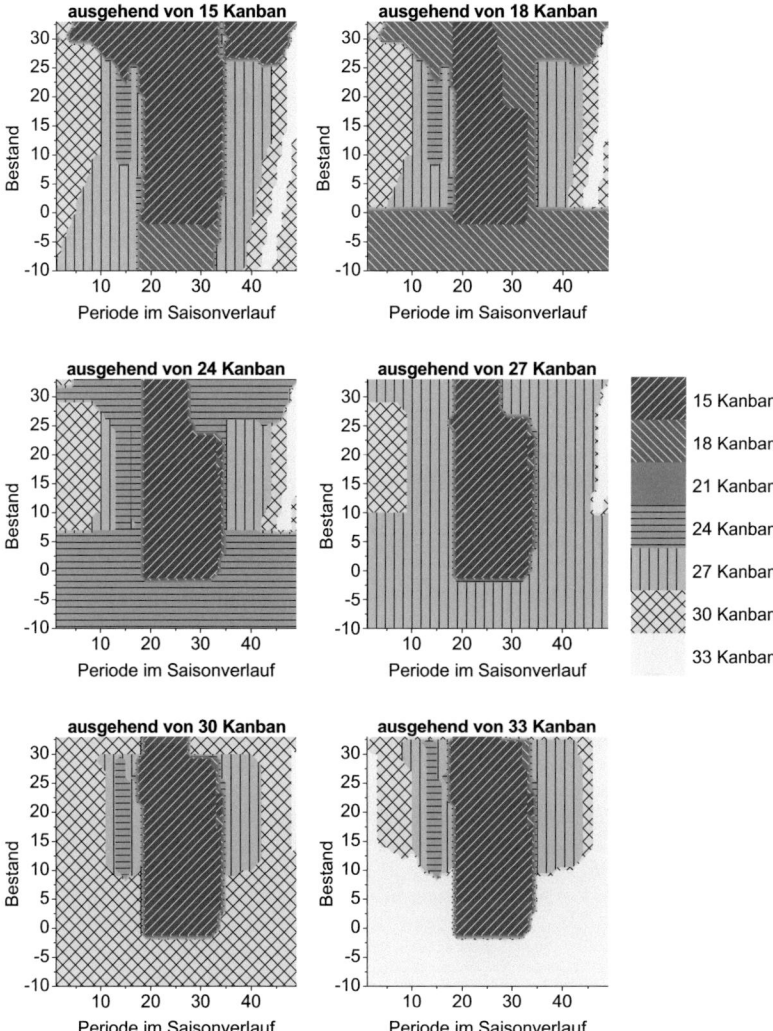

Abbildung 6.8: Optimale Kanban-Anzahl in Abhängigkeit der vorhergehenden Kanban-Anzahl, des Bestands und der Periode in der Saison bei geringen Änderungskosten.

Kanban als Aktionen zur Wahl. Trotz der geringen Änderungskosten kann man die beschriebene Strategie gut am „Bodensatz" in den Teildiagrammen für $18 - 33$ Kanban erkennen. Ist das System aktuell mit einer dieser Kanban-Anzahlen konfiguriert, so ist es z. B. bei einer Fehlmenge von fünf Stück oder mehr zu keinem Zeitpunkt wirtschaftlich, die Kanban-Anzahl zu verändern. Nur wenn im Kreislauf 15 Karten zirkulieren, ist dieser Effekt nicht zu beobachten (Diagramm links oben in Abbildung 6.8), da die geringe Karten-Anzahl die nutzbare Produktionskapazität beschränkt. Dann ist es auch bei geringem Bestand sinnvoll, die Karten-Anzahl zu erhöhen, um die volle Kapazität nutzen zu können und das Defizit schneller abzubauen.

Die genaue Analyse von Abbildung 6.8 zeigt, dass einige der Entscheidungspunkte transient sind, d. h., sie können nur einmal nach einer Systeminitialisierung erreicht werden, danach nie wieder. So ist es beispielsweise nicht möglich, zwischen der zweiten und der siebzehnten Periode zu einer Konfiguration mit fünfzehn Kanban zu kommen. Spätestens nach dem ersten EPEI (bei einem Lagerbestand von 30) findet eine Abkehr von der Konfiguration mit fünfzehn Karten statt und eine andere, größere Kanban-Anzahl wird gewählt. Aus allen Zuständen mit einer größeren Kartenanzahl, ist es jedoch frühestens ab der siebzehnten Periode wieder wirtschaftlich, zu 15 Kanban zurückzukehren. Da die Anpassungskosten (1 GE) noch verhältnismäßig gering sind im Vergleich zu den Bestands- und den Fehlmengenkosten, werden die Parameter häufig angepasst, und man erkennt bei genauer Analyse noch klare Parallelen zur optimalen Politik ohne Anpassungskosten. Auch die erwarteten durchschnittlichen Kosten je EPEI sind nur um ca. eineinhalb Prozent erhöht gegenüber dem Fall ohne Anpassungskosten. Die genaue Aktionssequenz ist allerdings sehr von der Bestandsentwicklung, d. h. von der Nachfrage, abhängig.

Im Experiment zu Abbildung 6.9 wurde der Kostensatz für eine Parameteränderung gegenüber dem vorhergehenden Beispiel sehr stark auf 100 GE erhöht. Diese hohen Kosten haben zur Folge, dass die Konfiguration mit 27 Karten „absorbierend" wird. Wenn diese Aktion zu irgend einem Zeitpunkt einmal gewählt wird, wird die Kanban-Anzahl von da an nicht mehr verändert, weil die erwarteten Einsparungen bei den Bestandskosten die Kosten einer Parameteränderung nicht aufwiegen. Die langjährigen Durchschnittskosten je EPEI entsprechen daher den Kosten ohne eine Veränderung der Kanban-Anzahl. Abbildung 6.8 zeigt, dass spätestens zum Ende der ersten Nebensaison die Politik mit 27 Kanban verfolgt und dann nicht mehr geändert wird. Alle Zustände mit einer anderen Aktion sind daher transient. Erst durch einen langfristigen Trend könnte eine veränderte Parametrisierung wieder sinnvoll werden.

Nachdem das Systemverhalten ohne, mit niedrigen und mit sehr hohen Kosten für eine Parameteranpassung untersucht wurde, soll schließlich noch die optimale Politik bei veränderbarer Kapazität untersucht werden. Im Einzelnen werden folgende Kostensätze verwendet:

- 1 GE pro EPEI und Stück für Lagerbestand.
- 19 GE pro EPEI und Stück für Fehlmengen.

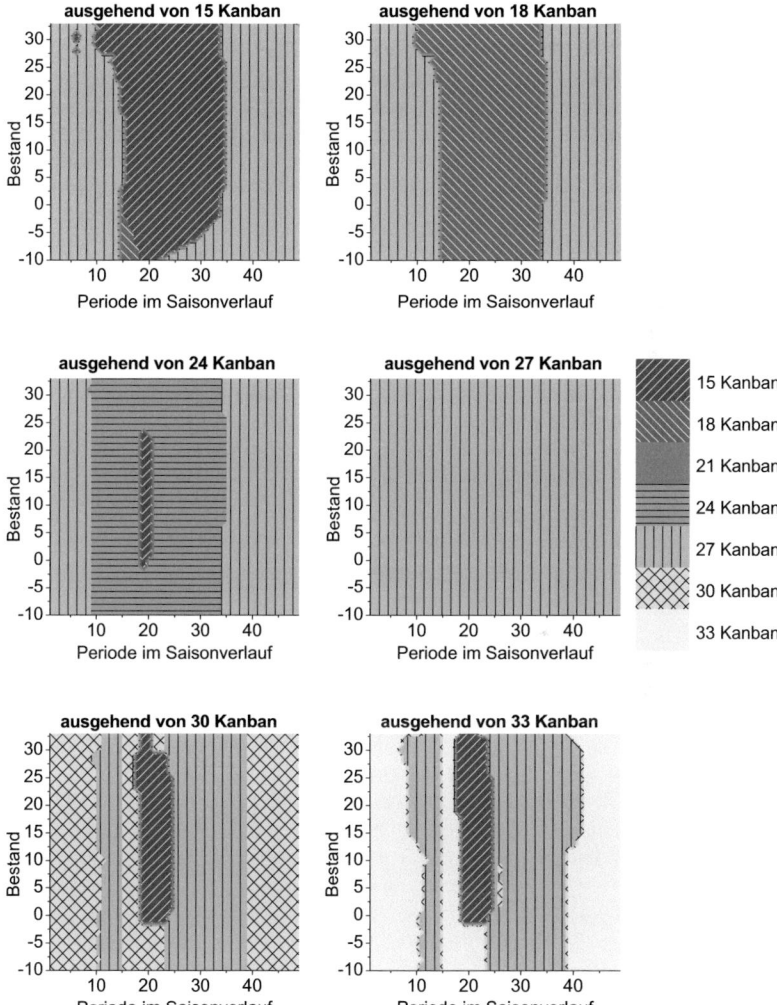

Abbildung 6.9: Optimale Kanban-Anzahl in Abhängigkeit der vorhergehenden Kanban-Anzahl, des Bestands und der Periode in der Saison bei sehr großen Änderungskosten.

- 100 GE je Stück Nachfrage, das die maximale Fehlmenge von 10 überschreitet.
- 20 GE für jede Parameteranpassung.
- 20 GE pro EPEI und Stück für die Bereitstellung von Kapazität im Heijunka-Planungsbrett.

Die Kosten für die Parameteranpassung liegen zwischen dem sehr hohen Kostensatz, bei dem eine stationäre Politik dominiert hat und einem sehr geringen Kostensatz, bei dem die Kanban-Anzahl fortwährend angepasst wird. Der Kapazitätskostensatz ist ebenso hoch gewählt wie in Abschnitt 6.1, wo er zu realistischen Auslastungen geführt hat.

Für die Optimierung stehen sechs mögliche Parameterkombinationen zur Wahl, die einer geringen oder einer großen Kapazität und einer kleinen, mittleren oder großen Kanban-Anzahl entsprechen:

Aktion 1 entspricht einer geringen Kapazität von 15 Stück pro EPEI und einer kleinen Kanban-Anzahl von 18 Stück.

Aktion 2 entspricht einer geringen Kapazität von 15 Stück pro EPEI und einer mittleren Kanban-Anzahl von 24 Karten.

Aktion 3 entspricht einer geringen Kapazität von 15 Stück pro EPEI und einer großen Kanban-Anzahl von 30 Karten.

Aktion 4 entspricht einer großen Kapazität von 18 pro EPEI und einer kleinen Kanban-Anzahl von 18 Karten.

Aktion 5 entspricht einer großen Kapazität von 18 pro EPEI und einer mittleren Kanban-Anzahl von 24 Karten.

Aktion 6 entspricht einer großen Kapazität von 18 pro EPEI und einer großen Kanban-Anzahl von 30 Karten.

Die Reservierung der Kapazität von 18 Stück im Planungsbrett entspricht einer Auslastung von 92% in der Hauptsaison und 59% in der Nebensaison. Bei der kleineren Kapazität von 15 Stück ist die Auslastung in der Nebensaison auf ca. 71% verbessert, und in der Hauptsaison bestünde sogar eine Kapazitätslücke von 10%, wenn die Kapazität dauerhaft nicht erhöht werden würde. Im Jahresmittel insgesamt, wäre das System bei der Kapazität von 18 Stück zu 76% ausgelastet und bei der niedrigeren Kapazität von 15 Stück läge die Auslastung bei durchschnittlich 91%.

In der grafischen Darstellung des Optimierungsergebnisses (Abbildung 6.10) erkennt man eine Dominanz der dunklen Farben in den oberen Hälften der Teilgrafiken. Das bedeutet, dass es sich im ganzen Jahr lohnt, die Kapazität zu reduzieren, wenn das Lager sehr voll ist. Nur in der Nebensaison lohnt es sich wegen der Änderungskosten selbst bei geringem Lagerbestand nicht, die Kapazität auszuweiten. Zu Beginn der Zwischensaison wird die Kapazität erst ausgeweitet, wenn vor der Produktion kein Bestand mehr vorhanden ist. Je näher die Hauptsaison rückt, desto weiter verschiebt sich die Schwelle in Richtung höherer Lagerbestände, um noch rechtzeitig Bestand aufbauen zu können.

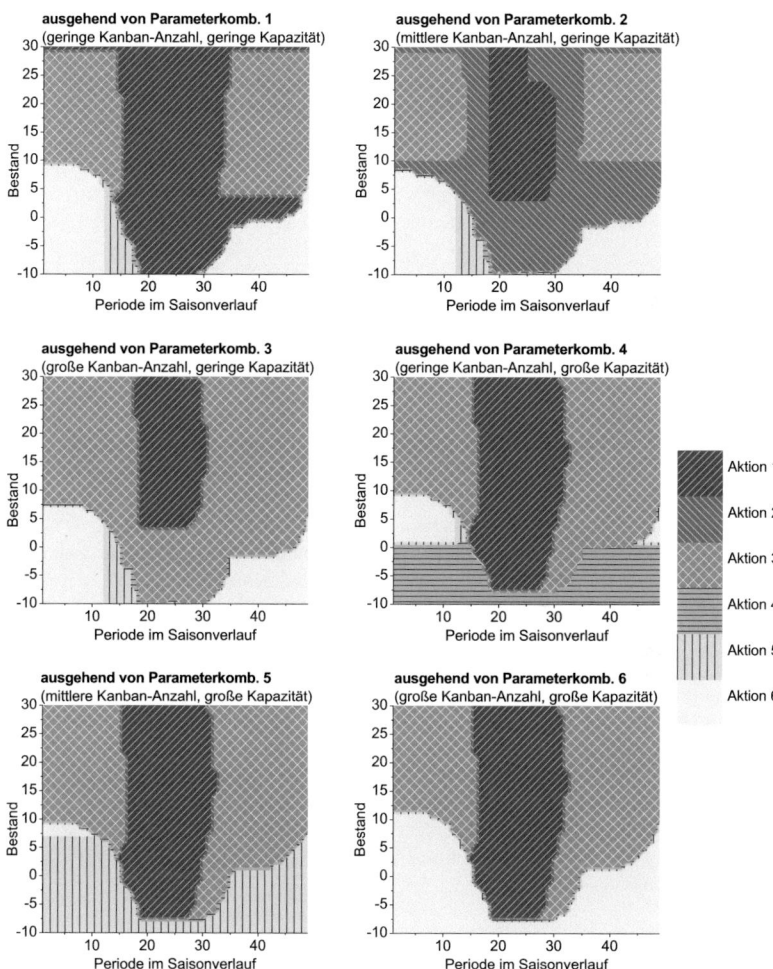

Abbildung 6.10: Parameterwahl bei Veränderung von sowohl der Kanban-Anzahl als auch Produktionskapazität und mittleren Änderungskosten.

Hinsichtlich der Kanban-Anzahl dominiert in der Hauptsaison die Parametrisierung mit vielen Karten (Aktionen 3 und 6). In der Nebensaison wird bei ausreichendem Bestand in jedem Fall zu einer kleinen Kanban-Anzahl (bei niedriger Kapazität - Aktion 1) gewechselt, und diese wird bis zum Ende der Nebensaison beibehalten. Der Wechsel zur Parameterkombination 4 mit großer Kapazität bei gleichzeitig geringer Kanban-Anzahl ist dagegen nur in wenigen Zuständen effizient. Die mittlere Kanban-Anzahl wird nur in der kurzen Zwischensaison nach der Hauptsaison gewählt in Kombination mit einer hohen Kapazität (Aktion 5). Die mittlere Kanban-Anzahl von 24 Stück wird in Kombination mit der geringen Kapazität (Aktion 2) hingegen nie aus einem anderen Zustand gewählt. Die Zustände in der Teilgrafik zur Aktion 2 sind damit transient und können bei der Analyse weitgehend unberücksichtigt bleiben.

Ein Kostenvergleich mit den vorhergehenden Ergebnissen ohne Kapazitätsanpassung ist nur bedingt möglich, da nun teilweise höhere Bestands- und Fehlmengenkosten in Kauf genommen werden, um dafür Kapazitätskosten sparen zu können. Insgesamt entstehen durchschnittlich Kosten von 328, 3 GE pro EPEI. Davon sind allein 300 GE Kosten, die zur Bereitstellung der minimalen Produktionskapazität von 15 Stück pro EPEI entstehen. Des weiteren entstehen durchschnittliche Kosten von 15 GE pro EPEI für Bestand, Fehlmenge und Parameteranpassung, wenn die Kapazität durchgängig am Maximum belassen werden würde. Zwar können durch die Kapazitätsanpassungen im Vergleich dazu insgesamt 12, 5% der Kosten gespart werden, die Bestands- und Fehlmengenkosten sind, isoliert betrachtet, aber etwas höher. Rechnet man die noch unerklärten durchschnittlichen Kosten von ungefähr 13 GE pro EPEI[2] vollständig den Kapazitätskosten zu, so erhält man für die Kapazität eine Abschätzung nach oben von 15, 66 Stück pro EPEI. Im Jahresdurchschnitt können somit durch die Anpassungsmöglichkeit mindestens 13% der Kapazität eingespart werden.

Die Ergebnisse dieses Beispiels zeigen, dass ein nivelliertes System aus Kostengründen in jedem Fall an mittelfristige Schwankungen angepasst werden sollte. Je weniger organisatorischer Aufwand dabei entsteht, desto größer sind die möglichen Einsparungen. Ein Ansatz dazu könnte z. B. die elektronische Abbildung des Kanbansystems mit einem RFID-unterstützten DirectRack (Furmans et al. 2008) sein. Allerdings sollten die Anpassungen auch nur in mittleren Abständen und unter Beachtung der Kommunikationsregeln aus Abschnitt 4.3.2 erfolgen, um den Bullwhip-Effekt zu vermeiden.

6.3 Beispiel 3: Bestände in einer Supply Chain

Im letzten Beispiel dieses Kapitels sollen die Auswirkungen instabiler Prozesse auf nivellierte Supply Chains untersucht werden. Die Experimente wurden mit dem Simulationsmodell durchgeführt, das in Kapitel 5 als Vergleichsmaßstab für die ana-

---

[2]328, 3 gesamt − 300 Kapa. − 15 Bestand ≈ 13 unerklärt.

lytischen Verfahren gedient hat. Die analytischen Verfahren selbst wurden nicht verwendet, da einige der untersuchten Parameterkombinationen den Bedingungen für eine ausreichende Verfahrensgenauigkeit widersprechen und die verwendete Methodik einheitlich sein sollte.

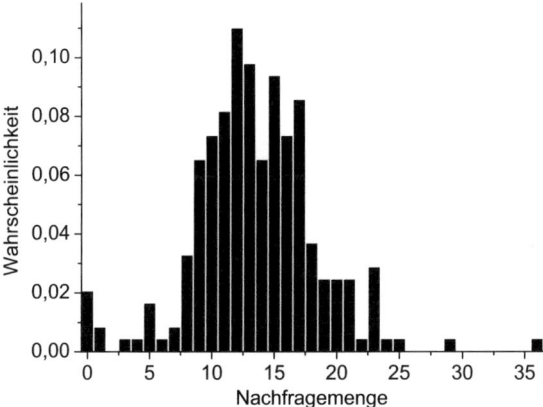

Abbildung 6.11: Empirische Verteilung der täglichen Nachfrage für die Supply Chain.

Die untersuchte Supply Chain besteht in allen Experimenten dieses Beispiels aus fünf linear verknüpften Produktionsressourcen mit jeweils einem Supermarkt als Ausgangspuffer. Die Annahme ist, dass für die kundennächste Stufe ein nivellierter Produktionsplan mit festen Produktionszeitfenstern für das untersuchte Produkt erstellt wird. Die vorgelagerten Stufen sind über Kanban-gesteuerte Supermärkte teilweise entkoppelt, sie folgen aber der Sequenz des nivellierten Plans. Die Bestände auf allen Stufen werden so ausgelegt, dass in mindestens 97% der EPEIs der Bedarf des Verbrauchers voll erfüllt werden kann.

Die Nachfrageverteilung orientiert sich auch in diesem Beispiel an einem in der industriellen Praxis beobachteten Nachfrageprozess. In den folgenden Experimenten wurde der Fall eines EPEIs von einem Tag und der Fall eines EPEIs von zwei Tagen untersucht, weshalb die verwendeten Nachfrageverteilungen die Menge eines Tages oder die über zwei Tage summierte Menge abbilden müssen. Der Mittelwert der eintägigen Nachfrage wurde wieder auf $13,5$ Stück pro Arbeitstag normiert, so dass sich eine Verteilung gemäß Abbildung 6.11 ergibt. Auch die zweitägige Nachfrageverteilung wurde mit dem ursprünglichen Nachfrageprozess ermittelt und nicht durch die Faltung der eintägigen Verteilung mit sich selbst. Allerdings ist die Ähnlichkeit der empirischen zweitägigen Verteilung mit der Verteilung aus der Faltung sehr groß. Das stützt die Annahme von der Unabhängigkeit der Nachfrage.

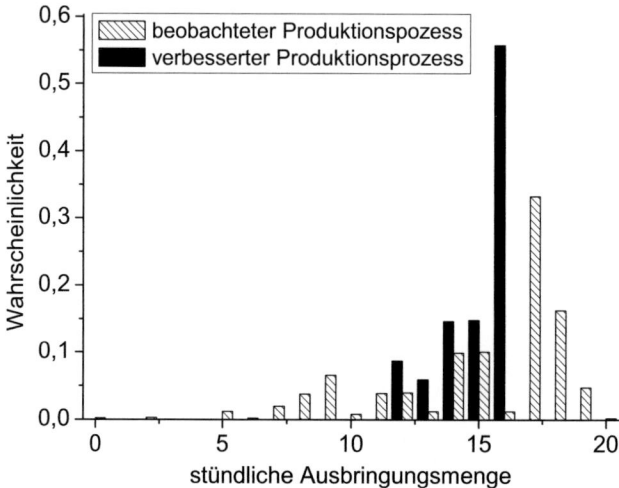

Abbildung 6.12: Stündliche Kapazität einer Produktionsstufe bei einem Automobil-zulieferer.

Bei der verwendeten Verteilung der Ausbringungsmenge je reserviertem Produktionszeitfenster wurde eine verfremdete Verteilung aus der Automobilzulieferindustrie verwendet. Die Messung der stündlichen Ausbringungsmenge über mehrere Wochen hinweg führte zu einer ähnlichen Verteilung wie der „beobachteten Verteilung" in Abbildung 6.12. Das arithmetische Mittel der Verteilung beträgt ca. 15 Stück je Stunde bei einer Standardabweichung von $3,8$ (Variationskoeffizient gleich $0,24$). Die „verbesserte" Verteilung in Abbildung 6.12 wird als erreichbares Ziel eines Verbesserungsprozesses angenommen. Die Auswirkungen der Prozessstabilisierung sollen unabhängig von den Bestandseffekten einer Auslastungsreduzierung untersucht werden. In der Verteilung des verbesserten Produktionsprozesses sind daher alle großen Ausbringungsmengen bei der nur leicht überdurchschnittlichen Menge von 16 Stück zusammengefasst, so dass die durchschnittliche Ausbringungsmenge weiterhin 15 Stück pro Stunde beträgt, bei einer allerdings deutlich reduzierten Standardabweichung von $1,3$.

Bei einem EPEI von einem Tag wird angenommen, dass genau eine Stunde am Tag auf der Maschine reserviert wird zur Produktion des untersuchten Fertigprodukts. Die Auslastung des Planungsintervalls beträgt damit ungefähr 90%. Beträgt das Produktionsintervall zwei Tage, so wird für das Produkt ein Zeitfenster von zwei Stunden zur Produktion reserviert. Die empirischen Daten lassen keinen direkten Schluss auf die Verteilung der Ausbringungsmenge einer zweistündigen Produktion zu. Daher wird unterstellt, dass die stündlichen Ausbringungsmengen voneinander unabhängig sind, so dass die Verteilung der Ausbringungsmenge in zwei Stunden durch eine Faltung der einstündigen Ausbringungsverteilung mit sich selbst ermittelt werden kann.

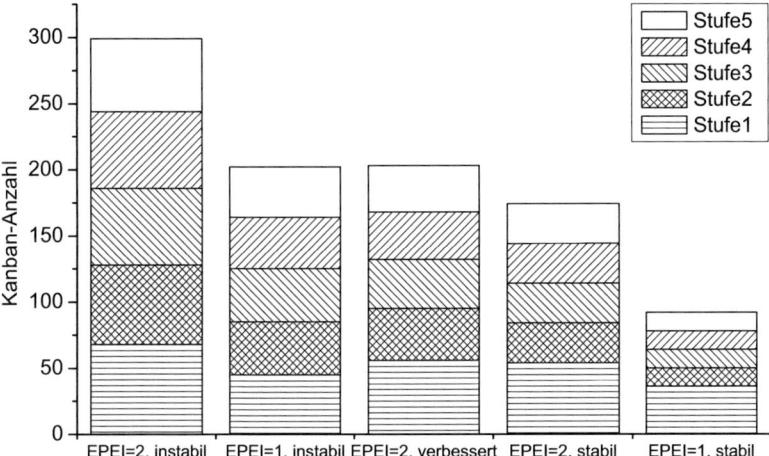

Abbildung 6.13: Notwendige Kanban-Anzahl bei unterschiedlicher Prozessqualität.

Im ersten Experiment dieses Beispiels sollen die Auswirkungen einer Prozessstabilisierung im Vergleich zu einer Rüstzeitreduzierung auf die nivellierte Supply Chain untersucht werden. Dazu werden fünf Konfigurationen verwendet, die für alle Stufen der Kette gelten:

1. Ausgangskonfiguration
   In der Ausgangskonfiguration folgt die Produktionskapazität der instabilen, empirisch ermittelten Verteilung, und das EPEI beträgt zwei Tage.

2. EPEI-Halbierung
   Im Vergleich zur ersten Konfiguration ist hier das EPEI halbiert (z. B. in Folge einer Rüstzeitverkürzung). Der Produktionsprozess entspricht weiterhin dem der empirischen Erhebung. Diese Konfiguration soll den Bestandseffekt einer EPEI-Reduzierung zeigen.

3. Prozessverbesserung
   In dieser Konfiguration bleibt das EPEI bei zwei Tagen, aber die Verteilung der stündlichen Ausbringungsmenge entspricht der stabilisierten Verteilung in Abbildung 6.12. An Hand dieser Konfiguration sollen die Auswirkungen einer Prozessstabilisierung untersucht werden.

4. Optimale Prozessstabilität
   Diese Konfiguration dient zur Darstellung der maximalen Verbesserung durch stabile Prozesse. Die Ausbringungsmenge entspricht stets der Planmenge und

ist auf 15 Stück pro Stunde begrenzt. Die Rüstzeiten und damit auch das EPEI bleiben gegenüber der Ausgangskonfiguration unverändert.

5. Optimale Prozessstabilität und EPEI-Halbierung
An Hand dieser Konfiguration wird untersucht, wie weit die Bestände bei täglicher Produktion und stabilen Prozessen im Idealfall reduziert werden können.

In Abbildung 6.13 ist die benötigte Kanban-Anzahl dargestellt, um auf allen Stufen der Supply Chain einen Servicegrad von 97% zu erreichen. Erwartungsgemäß werden in der Ausgangskonfiguration mit instabilen Prozessen und dem großen EPEI die meisten Kanban benötigt. Demgegenüber kann die Gesamtzahl der Karten um fast ein Drittel reduziert werden, wenn entweder die Prozesse verbessert werden oder das Produktionsintervall halbiert wird. Die Gesamtzahl der Kanban in den beiden letztgenannten Systemen ist zwar fast gleich, jedoch unterscheidet sich die Verteilung innerhalb der Kette. Die Verbesserung der Prozessstabilität führt dazu, dass auf den versorgenden Stufen deutlich weniger Kanban benötigt werden, die kundennächste Stufe muss trotzdem die volle Nachfragevariabilität abdecken, so dass die Einsparungen hier gering sind. Bei der EPEI-Reduzierung verhält es sich gerade umgekehrt, d. h. die Kartenanzahl kann am stärksten im Fertigwarensupermarkt abgesenkt werden, stromaufwärts dagegen nur wenig. Die Prozessstabilisierung schneidet gegenüber der EPEI-Reduzierung daher umso besser ab, je länger die Supply Chain ist. Weitere signifikante Verbesserungen sind möglich, wenn die Produktion deterministisch arbeitet. Dies gilt umso mehr, wenn zusätzlich das Produktionsintervall noch kleiner wird. Die Kanban-Anzahl in der Kette kann dann um über zwei Drittel sinken.

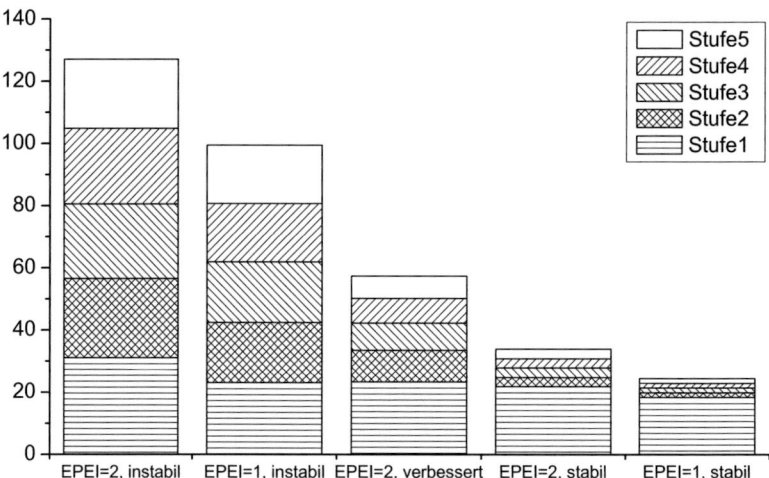

Abbildung 6.14: Mittlerer Bestand in der Supply Chain vor der Produktion.

Wenn man statt der Kanban-Anzahl den effektiven Bestand untersucht, ergibt sich ein leicht abweichendes Bild (Abbildung 6.14). Im Unterschied zur Kanban-Anzahl hat der mittlere Bestand direkte Auswirkungen auf das gebundene Kapital und die Kosten, somit ist dieses Bild für die Praxis von größerer Bedeutung. Die Ausgangskonfiguration mit instabilen Prozessen und einem EPEI von zwei Tagen schneidet immer noch deutlich am schlechtesten ab. Ein Halbierung des EPEIs reduziert den Bestand, der vor der nächsten Produktion noch übrig ist, um ca. 22%. Die Stabilisierung der Produktion führt dagegen dazu, dass in der Supply Chain kaum mehr als der Bestand zur nächsten Produktion benötigt wird. Daher ist der effektive Bestand in der Kette mit stabilisierten Prozesse erheblich (um ca. 42%) geringer, als wenn nur das EPEI auf einen Tag reduziert wird. Ein Sprung in gleicher Größenordnung ist möglich, wenn die Prozesse nicht nur stabilisiert sondern zu einem deterministischen Prozess optimiert werden. Wenn die Prozesse einmal diese Qualität erreicht haben, ist das zusätzliche Einsparpotential einer EPEI-Halbierung sehr viel geringer, er beträgt aber immer noch ca. 26%. Bemerkenswert ist, dass die Unterschiede zwischen den verschiedenen Konfigurationen im Fertigwarensupermarkt die geringsten Auswirkungen haben. Das liegt daran, dass die Variabilität der Kundennachfrage durch die Verbesserungen in der Supply Chain nicht beeinflusst wird.

Als Ergebnis dieses Experiments ist festzuhalten, dass stabile Prozesse für die Bestände mindestens so bedeutsam sind wie eine EPEI-Reduzierung. In schlanken Produktionssystemen wird dagegen oft Rüstzeitverbesserungen mehr Aufmerksamkeit geschenkt, um die Rüstfrequenz erhöhen zu können. Der Arbeit an stabilen Prozessen sollte aber eine ebenso große Bedeutung beigemessen werden. Sofern das Arbeitszeitmodell es zulässt, können beispielsweise eine zeitliche Entkopplung der Schichten und eine Ausbringungsorientierung der Arbeitszeit zu schnellen Verbesserungen führen.

Mit dem zweiten Experiment dieses Abschnitts soll untersucht werden, auf welcher Stufe der Supply Chain Prozessverbesserungen den größten Bestandseffekt haben. Dazu werden drei unterschiedlich konfigurierte Supply Chains einander gegenübergestellt. In jeder der drei Supply Chains folgt die Produktionskapazität von vier Maschinen der empirisch beobachteten Verteilung und auf einer der Stufen wurde der Produktionsprozess verbessert, so dass die Kapazität der stabilisierten Verteilung in Abbildung 6.11 folgt. In der ersten der drei Supply Chains ist die kundennächste Stufe verbessert, in der zweiten Supply Chain die mittlere Stufe und in der dritten Supply Chain wurde die am weitesten stromaufwärts gelegene Stufe verbessert. Das EPEI beträgt in allen drei Fällen zwei Arbeitstage.

Bei der Bestandssumme in den drei Supply Chains ist kaum ein Unterschied festzustellen (Abbildung 6.15), mit einem kleinen Vorteil von ca. 3% für den Fall, dass die mittlere Stufe stabiler ist. Der Grund dafür ist, dass die Entfernung einer Stufe von der verbesserten Stufe entscheidend dafür ist, wie groß die Verbesserung dort ausfällt. Bei der mittleren Stufe sind das sowohl stromaufwärts als auch stromabwärts gelegene Stufen, die ähnlich stark profitieren. Bei einer Verbesserung der ersten oder letzten Stufe gibt es dagegen immer nur einen Supermarkt in einer Richtung mit der

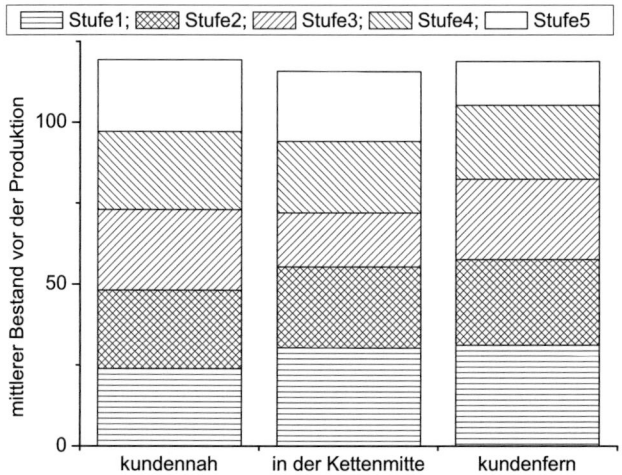

Abbildung 6.15: Vergleich dreier Supply Chains mit verbessertem Produktionsprozess auf unterschiedlichen Wertschöpfungsstufen.

entsprechenden Entfernung. Aus wirtschaftlichen Gründen sollten daher Produktionsprozesse in der Mitte einer Supply Chain keinesfalls besonders instabil sein, wenn die Kette nivelliert und über Kanbansysteme gesteuert betrieben wird.

Bei der Verteilung der Bestände in der Kette sind deutliche Unterschiede zwischen den drei Konfigurationen feststellbar. Der größte Bestandseffekt ist jeweils auf der stabilisierten Stufe messbar. Demgemäß führt die Verbesserung der kundennächsten Stufe zu Einsparungen bei den Fertigprodukten, die Verbesserung der mittleren Stufe führt zu Einsparungen auf der mittleren Wertschöpfungsstufe und ein stabilerer Prozess auf der am weitesten stromaufwärts gelegenen Stufe führt vor allem dort zu weniger Bestand. In der Praxis ist der Lagerwert von Fertigprodukten höher als der von Roh- oder Halbfertigerzeugnissen, so dass Verbesserungen in Kundennähe die größten finanziellen Auswirkungen haben. Denn die geringen Unterschiede in der Bestandssumme werden durch den Werteffekt in der Regel überkompensiert. Der Ansatz, in schlanken Produktionssystemen bei homogenen Prozessen von der Kundenseite aus die Verbesserungen anzugehen, steht daher auch im Einklang mit den Ergebnissen dieser Untersuchung.

Im letzten Experiment des Kapitels wird untersucht, wie man weiter vorgehen sollte, wenn es gelungen ist, einen Prozess zu stabilisieren: Ist es besser den Prozess zu optimieren, bis die Ausbringungsmenge deterministisch ist, oder ist es besser, statt dessen zuerst die anderen Stufen der Kette auf dasselbe Niveau zu verbessern? Diese Fragestellung wird an einer Supply Chain mit drei unterschiedlichen Konfigurationen beleuchtet:

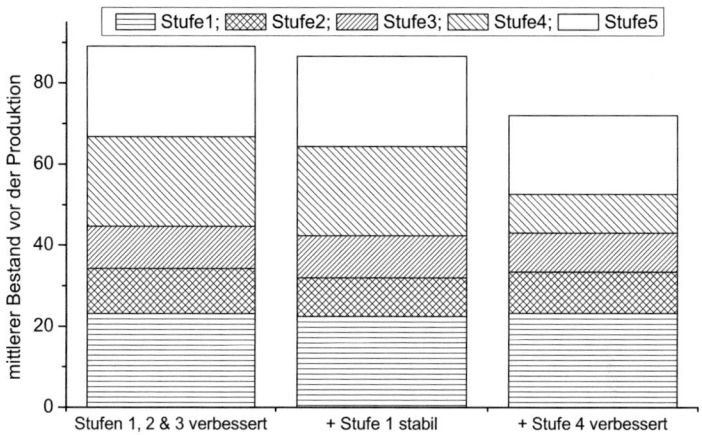

Abbildung 6.16: Mittlerer Bestand in der Supply Chain vor der Produktion.

1. Vergleichsmaßstab: Stufen 1-3 verbessert, Stufen 4 und 5 instabil
   Diese Supply Chain-Konfiguration soll der Ausgangspunkt weiterer Verbesserungsanstrengungen sein. Die Verteilung der stündlichen Ausbringungsmengen auf den Stufen 4 und 5 entspricht der Beobachtung in der Industrie (Abbildung 6.11). Die Produktionsprozesse der drei Stufen in Kundennähe konnten dagegen schon stabilisiert werden.

2. Stufe 1 optimiert (und Stufen 2-3 verbessert)
   Als erste Variante der weiteren Verbesserung wird untersucht, wie sich eine Optimierung der finalen Produktionsstufe hin zu einem voll zuverlässigen System auswirkt, d. h. wenn die Ressource stets genau die Planmenge liefern kann. Die Prozesse der anderen Stufen entsprechen der Ausgangskonfiguration

3. Stufen 1-4 verbessert
   Statt den Fokus auf eine Optimierung der finalen Produktionsstufe zu richten wird in diesem System eine instabile Stufe (4) verbessert und darauf hingewirkt, die Prozesse in der Supply Chain auf ein vergleichbares Stabilitätsniveau zu bringen. Die fünfte Stufe produziert weiterhin entsprechend dem praktisch beobachteten instabilen Prozess.

Die Optimierung der finalen Produktionsstufe führt zu einer kleinen Bestandssenkung im Fertigwarenlager und auf den vorab verbesserten beliefernden Stufen von insgesamt 3% (Abbildung 6.16). Der Bestand auf den vorgelagerten Stufen kann sinken, weil der Verbrauch dort weniger schwankt. Die Variabilität der Kundennachfrage ist unverändert, so dass im Fertigwarenlager nur marginal weniger Bestand benötigt wird. Insgesamt ist das Ergebnis der Stabilisierung einer weiteren Stufe sehr viel besser als die lokale Optimierung. Durch eine starke Bestandsreduktion sowohl auf der stabilisierten Stufe als auch kleinen Vorteilen auf den angrenzenden Stufen können insgesamt 17% Bestand gegenüber der lokalen Optimierung eingespart werden. Aus diesem Ergebnis kann man schließen, dass es in der Regel vorteilhafter ist, eine Verbesserung durch die gesamte Supply Chain zu tragen statt nur an einer Stelle zu arbeiten und dort eine optimale Prozessstabilität anzustreben.

7 Zusammenfassung

Lernen ist wie Rudern gegen den Strom.
Hört man damit auf, treibt man zurück.
Chin. Sprichwort, evtl. Laozi (老子)

Die Heijunka-Nivellierung ist das Kernelement der integrierten Produktionsplanung und -steuerung in schlanken Produktionssystemen. Bei der Heijunka-Nivellierung erfolgen die Planung der maximalen Losgröße, der tatsächlichen Produktionsmenge, der Produktionsreihenfolge und des Produktionszeitpunkts sowie das Produktions-Controlling in einem integrierten Verfahren im Unterschied zur hierarchisch strukturierten MRP-Planung. Da der Planungsablauf in der Heijunka-Nivellierung leicht nachvollziehbar ist, wird transparent, welche Randbedingungen das Planungsergebnis wesentlich einschränken, so dass zielgerichtet daran gearbeitet werden kann. Ferner sind die Pläne robust, da Prozess- und Nachfrageschwankungen schon bei der Systemauslegung berücksichtigt werden. Der Produktionsplan wird folglich nicht andauernd geändert und Defizite in der Planumsetzung können identifiziert und in einem Verbesserungsprozess ausgeräumt werden.

Großen Anteil an diesen Vorteilen von Heijunka hat der Nivellierungseffekt durch die Einführung von Kapazitätsrestriktionen auf Produktebene. Nachfragespitzen nach einem Produkt werden dabei teilweise aus dem Lagerbestand gedeckt, der zu einem späteren Zeitpunkt wieder aufgefüllt wird, wenn die Nachfrage geringer ausfällt. Die Abhängigkeiten zwischen den Produkten werden damit im operativen Betrieb reduziert und der Verbrauch an Vormaterialien wird verstetigt. In einer Supply Chain kann die Heijunka-Nivellierung daher zu einer signifikanten Bestandseinsparung führen.

In der Praxis sind schlanke Produktionssysteme inzwischen weit verbreitet und auch die Heijunka-Nivellierung ist erfolgreich im Einsatz. Und obwohl Bestandseinsparungen ein wesentlicher Treiber beim Streben nach Effizienz ist, erfolgt die Bestandsauslegung bisher nur aufgrund von Erfahrungswerten, groben Abschätzungen oder an Hand von Simulationsmodellen. Denn in der Wissenschaft wurde die Heijunka-Nivellierung bisher fast ausschließlich unter dem Sequenzierungsaspekt untersucht, für analytische Bestandsmodelle gab es hingegen bislang nur erste Ansätze. In dieser Arbeit wurden erstmals analytische Methoden und Modelle entwickelt, die eine Auslegung der Bestände in Heijunka-nivellierten Produktionssystemen unter praxisnahen Randbedingungen ermöglichen.

Das Verhalten der nivellierten Produktion wurde als zeitdiskrete Markov-Kette oder als G/G/1-Bediensystem modelliert, abhängig davon, ob der Lieferrückstand begrenzt oder unbegrenzt ist. Mit diesen Modellen kann die Wahrscheinlichkeit jeder möglichen Lagerbestandsmenge eines Produkts berechnet werden. Es wurde gezeigt, wie an Hand der Modelle weitere logistische Leistungskenngrößen zu berechnen sind. Dies sind insbesondere der α-Servicegrad und die Verteilung der Kundenwartezeit sowie die Verteilung der Produktionsmengen und die Varianzreduktion durch die Nivellierung. Anschließend wurden die Modelle erweitert um Formeln zur Abbildung von Produktionsdurchlaufzeiten. Bei einer ausreichenden Kanban-Anzahl im System ist das Produktionsverhalten unbeeinflusst von der Durchlaufzeit. Die Durchlaufzeit hat aber durchaus Einfluss auf die Bestandsauslegung, da der physische Bestand gegenüber einem System mit unverzögertem Lagerzugang niedriger ist.

Aufbauend auf dem $G/G/1$-Modell der Nivellierung wurde eine geschlossene Lösung für das optimale Bestandsniveau bei stabilen Rahmenbedingungen hergeleitet. Die Lösung stellt einen Zusammenhang her zwischen dem erreichten Servicegrad bei der optimalen Kanban-Anzahl und einem Quotienten aus Bestands- und Fehlmengenkosten. Dieser Optimierungsansatz wurde erweitert um ein Gradientenverfahren zur Bestimmung der optimalen Kapazität.

In vielen Branchen sind mittelfristige Nachfrageschwankungen gut prognostizierbar. Insbesondere bei saisonalen Nachfrageänderungen lässt sich die mittelfristige Entwicklung sehr gut mit Informationen aus der Vergangenheit vorhersagen. Daher wurden in der Arbeit drei Markovsche Entscheidungsmodelle zur Bestimmung der optimalen Parameter im Jahresverlauf entwickelt. Das erste Modell erlaubt die Optimierung der Kanban-Anzahl unter Berücksichtigung von Lagerhaltungs- und Fehlmengenkosten. Im zweiten Modell werden Kosten für eine Veränderung der Kanban-Anzahl eingeführt, was dazu führt, dass die Parameter seltener verändert werden und zwar nur dann, wenn signifikante Kostenvorteile daraus entstehen. Das dritte Modell bildet zusätzlich Kosten für die Produktionskapazität ab, und die Kapazität kann als weiterer Optimierungsparameter variiert werden. Vor allem bei den letzten beiden Modellen können die Eingangsparameter schnell zu einem sehr großen Speicherplatzbedarf bei der numerischen Lösung führen. Es wird erläutert, wie die Verwendung von Speicherformaten für dünnbesetzte Matrizen den Speicherplatzbedarf wesentlich reduziert, so dass die Lösung praxisrelevanter Problemgrößen möglich wird.

Im Anschluss an die Parameteroptimierung wird untersucht, welche Auswirkungen eine Parameteranpassung in einer nivellierten Supply Chain hat. Eine Simulationsstudie macht deutlich, dass bei zu häufiger Parameterveränderung und bei Anpassungen ohne Kommunikation ein sehr starker Bullwhip-Effekt in der Supply Chain induziert werden kann. Die Folge der erhöhten Nachfragefluktuation sind deutlich höhere Bestände, die bei ausreichender Supply Chain-Länge den Vorteil der Nivellierung zunichte machen können. Dem Bullwhip-Effekt kann man nur effektiv entgegen wirken, wenn die Parameterveränderungen erst nach rechtzeitiger Vorankündigung oder ausschließlich innerhalb eines langfristig vereinbarten Korridors erfolgen.

Wenn eine nivellierte Supply Chain richtig ausgelegt wird, sind systemweit erhebliche Bestandseinsparungen möglich. Mit dem Ziel, die Auslegung der nivellierten

Supply Chains zu unterstützen, wurden im Rahmen der Arbeit Bestandsmodelle vorgestellt, die den operativen Betrieb unter der Berücksichtigung von Ausbringungsschwankungen abbilden. Die drei Modelle unterscheiden sich hinsichtlich der Ergebnisgenauigkeit und des algorithmischen Aufwands. Das erste Modell ist exakt, kann aber trotz effizienter Implementierung nur auf Supply Chains geringer Länge angewendet werden, da sonst die Rechenzeit und der Speicherplatzbedarf die Kapazität jedes Computers übersteigen. Im zweiten Modell wurden die komplexen Wechselwirkungen zwischen den Produktionsstufen weitgehend außer acht gelassen, so dass man sehr schnell zu einer Abschätzung kommt, die bei ungünstigen Eingangsparametern allerdings auch sehr ungenau sein kann. Das dritte Modell ist zwischen den beiden vorher genannten Modellen anzusiedeln. Die Wechselwirkungen werden darin wieder wesentlich genauer abgebildet als im zweiten Verfahren, so dass auch die Ergebnisse sehr viel genauer sind, ohne dass die Supply Chain-Länge wesentlich eingeschränkt werden würde. Dafür ist das Verfahren wesentlich rechenzeitintensiver als die einfache Approximation und die Ergebnisse sind trotzdem nicht exakt. An ausgewählten Experimenten wird gezeigt, wann die Approximationsverfahren eine gute Lösungsgenauigkeit bieten und wann statt dessen besser auf eine Simulation zurückgegriffen werden sollte.

Zum Abschluss der Arbeit werden ausgewählte Verfahren an praxisnahen Beispielen angewendet, und es werden allgemeine Gestaltungsregeln für die Praxis abgeleitet. Der Nivellierungseffekt von Heijunka kann am Beispiel einer Fertigung von elektronisch-optischen Sensoren illustriert werden. Hier reduziert sich die Standardabweichung der Produktionsmengen um 78% gegenüber der Kundennachfrage. Anschließend wird untersucht, welchen Einfluss die Auslastung auf den Nivellierungseffekt hat. Mit fiktiven Kostensätzen werden der optimale Bestand und die optimale Kapazität berechnet. Eine Sensitivitätsanalyse zeigt, dass die Kosten gegenüber dem Optimum weniger steigen, wenn der Bestand zu groß gewählt wird, als wenn er unterdimensioniert ist. In der Praxis sollten daher Bestandssenkungsmaßnahmen auch bei schlanken Produktionssystemen immer maßvoll durchgeführt werden und nur, wenn vorher die Prozesse verbessert wurden.

An einem Beispiel aus der Heiztechnik-Branche wird die saisonale Parameteranpassung untersucht. Die optimierte Anpassung der Kanban-Anzahl an mittelfristige Nachfrageveränderungen im Jahresverlauf führt hier zu einer Kosteneinsparung von über 20% gegenüber dem Betrieb mit unveränderten Parametern. Mit steigenden Kosten für die Parameteranpassung sinkt dieser Kostenvorteil. Sobald die Anpassungskosten einen Grenzwert übersteigen, lohnt sich die Parameterveränderung nicht mehr, und es ist effizient, das System über das ganze Jahr hinweg mit derselben Konfiguration zu betreiben. Für die Auslegung eines Heijunka-nivellierten Systems in der Praxis bedeutet das, dass die regelmäßige Parameteranpassung an mittelfristige Schwankungen unbedingt zu empfehlen ist. Bei der Anpassung sollten allerdings die Kommunikationsstragien zur Vermeidung des Bullwhip-Effekts beachtet werden und der Aufwand für die Anpassung sollte durch eine geeignete technische Unterstützung so gering wie möglich gehalten werden.

Im dritten Praxisbeispiel ergibt die Analyse einer Supply Chain mit Prozessschwankungen, dass die Prozessstabilisierung hinsichtlich der Bestände mindestens so wichtig ist wie eine Verkürzung des Produktionsintervalls (EPEI). Sehr instabile Prozesse in der Mitte einer Supply Chain haben besonders negative Auswirkungen auf das erforderliche Bestandsniveau. Daher sollten diese Prozesse mit Vorrang bis auf das Niveau der anderen Produktionsressourcen stabilisiert werden. Die Experimente zeigen überdies, dass größere Einsparungseffekte erzielt werden können, wenn die Prozesse in der Supply Chain gleichmäßig verbessert werden, statt einen einzelnen Prozess bis zum streng deterministischen Verhalten zu optimieren.

Mit den Methoden und Modellen dieser Arbeit wurde ein Beitrag geleistet zum Verständnis, wie die Heijunka-Nivellierung auf Bestände wirkt. Insbesondere für die Nivellierung auf der Ebene von Produktfamilien besteht aber weiterhin Forschungsbedarf. Zu klären wäre beispielsweise, wie sich die Bestände bei unterschiedlichen Dispositionsregeln entwickeln und ob es eine Regel gibt, die den anderen überlegen ist.

Literaturverzeichnis

Alicke, K. (2005). *Planung und Betrieb von Logistiknetzwerken*. Springer.

Arnold, D. und K. Furmans (2009). *Materialfluss in Logistiksystemen* (6. Aufl.). Springer.

Arnold, D., K. Furmans, H. Isermann, A. Kuhn und H. Tempelmeier (Hrsg.) (2008). *Handbuch Logistik* (3. Aufl.). Springer.

Askin, R. G. und J. B. Goldberg (2002). *Design and Analysis of Lean Production Systems*. John Wiley & Sons.

Axsäter, S. (2006). *Inventory control* (2. Aufl.). Springer.

Baynat, B., Y. Y. Dallery, M. Di Mascolo und Y. Frein (2001). A Multi-class Approximation Technique for the Analysis of Kanban Control Systems. *International Journal of Production Research 39*(2), S. 307–328.

Berkley, B. J. (1991). Tandem Queues and Kanban-Controlled Lines. *International Journal of Production Research 29*(10), S. 2057–2081.

Berkley, B. J. (1992). A review of the kanban production control research literature. *Production and Operations Management 1*, S. 393–411.

Boysen, N., M. Fliedner und A. Scholl (2007). Level-Scheduling bei Variantenfließfertigung: Klassifikation, Literaturüberblick und Modellkritik. *Journal für Betriebswirtschaft 57*(1), S. 37–66.

Buzacott, P. J. A. (1989). Queueing Models of Kanban and MRP Controlled Production Systems. *Engineering Costs and Production Economist, 17*, S. 3–20.

Cassandras, C. G. und S. Lafortune (2008). *Introduction to discrete event systems* (2. Aufl.). Springer.

Chatfield, C. (2000). *Time-series forecasting*. Chapman & Hall/CRC.

Curry, G. L. und R. M. Feldman (2009). *Manufacturing Systems Modeling and Analysis*. Springer.

Daganzo, C. F. (2003). *A Theory of Supply Chains*. Springer.

Daganzo, C. F. (2004, November). On the stability of supply chains. *Operations Research 53*(6), S. 909–921.

Dallery, Y., R. David und X.-L. Xie (1988). An Efficient Algorithm for Analysis of Transfer Lines With Unreliable Machines and Finite Buffers. *IIE Transactions 20*(3), S. 280–283.

Dallery, Y. und Y. Frein (1993). On Decomposition Methods for Tandem Queueing Networks with Blocking. *Operations Research 41*(2), S. 386–399.

Dallery, Y. und G. Liberopoulos (2000). Extended kanban control system: combining kanban and base stock. *IIE Transactions 32*, S. 369–386.

Dejonckheere, J., S. Disney, M. Lambrecht und D. Towill (2003). Measuring and avoiding the bullwhip effect: A control theoretic approach. *European Journal of Operational Research 147*, S. 567–590.

Deleersnyder, J.-L., T. J. Hodgson, H. Muller und P. J. O'Grady (1989). Kanban Controlled Pull Systems: An Analytic Approach. *Management Science 35*(9), S. 1079–1091.

Di Mascolo, M., Y. Frein und Y. Dallery (1996). An Analytical Method for Performance Evaluation of Kanban Controlled Production Systems. *Operations Research 44*, S. 50–64.

Domschke, W., A. Scholl und S. Voß (1997). *Produktionsplanung: ablauforganisatorische Aspekte* (2. Aufl.). Springer.

Duden (Hrsg.) (2007). *Deutsches Universalwörterbuch* (6. Aufl.). Dudenverlag.

Faißt, B. (2003). *Dynamische Effekte in Supply Chains: Der Bullwhip-Effekt als Ursache von Beständen bei Informationsdefiziten.* Dissertation, Fakultät für Maschinenbau der Universität Karlsruhe (TH).

Federgruen, A. und Z. Katalan (1998). Determining Production Schedules under Base-Stock Policies in Single Facility Multi-Item Production Systems. *Operations Research 46*(6), S. 883–898.

Federgruen, A. und P. Zipkin (1986a, May). An inventory model with limited production capacity and uncertain demands I. The average-cost criterion. *Mathematics of Operations Research 11*(2), S. 193–207.

Federgruen, A. und P. Zipkin (1986b, May). An inventory model with limited production capacity and uncertain demands II. The discounted-cost criterion. *Mathematics of Operations Research 11*(2), S. 208–215.

Forrester, J. W. (1958, Juli-August). Industrial Dynamics: a major breakthrough for decision make. *Havard Business Review 36*(4), S. 37–66.

Furmans, K. (2005). Dezentral gesteuerte Supply Chains als Alternative zu Globalplanungsansätzen. *Supply Chain Management 5*, S. 7–13.

Furmans, K. (2007). Gestaltung leistungsfähiger, dezentral gesteuerter Supply Chains als Alternative zu Globalplanungsansätzen. In: F. J. G. Sanz und K. S. J. Walther (Hrsg.), *Die Automobilindustrie auf dem Weg zur globalen Netzwerkkompetenz : Effiziente und flexible Supply Chains erfolgreich gestalten*, S. 181–198. Springer.

Furmans, K., M. Schleyer und F. Schönung (2008). A Case for Material Handling Systems, Specialized on Handling Small Quantities. In: *International Material Handling Research Colloquium (IMHRC).*

Geary, S., S. M. Disney und D. R. Towill (2006). On bullwhip in supply chains - historical review, present practice and expected future impact. *International Journal of Production Economics 101*, S. 2–18.

Girlich, H.-J. (1973). *Diskrete stochastische Entscheidungsprozesse und ihre Anwendung in der Lagerhaltung.* Nummer 57 in Mathematisch-Naturwissenschaftliche Bibliothek. BSB Teubner.

Girlich, H.-J., P. Köchel und H.-U. Küenle (1990). *Steuerung dynamischer Systeme: mehrstufige Entscheidungen bei Unsicherheit.* Fachbuchverlag Leipzig.

Grassmann, W. K. und J. L. Jain (1989). Numerical Solutions of the Waiting Time Distribution and Idle Time Distribution of the Arithmetic GI/G/1 Queue. *Operations Research 37*, S. 141–150.

Gstettner, S. (1998). *Leistungsanalyse von Produktionssteuerungssystemen.* Physica-Verlag.

Güllü, R. (1998). Base stock policies for production/inventory problems with uncertain capacity levels. *European Journal of Operational Research 105*, S. 43–51.

Gutenberg, E. (1951). *Grundlagen der Betriebswirtschaftslehre* (1. Aufl.), Band 1: Die Produktion. Springer.

Helber, S. (2005). Analysis of flow lines with Cox-2-distributed processing times and limited buffer capacity. *OR Spectrum 27*, S. 221–242.

Hopp, W. J. und M. L. Spearman (2000). *Factory Physics* (2. Aufl.). McGraw-Hill.

Hopp, W. J. und M. L. Spearman (2004). To Pull or Not to Pull: What Is the Question? *Manufacturing & Service Operations Management 6*(2), S. 133–148.

Iyer, A., S. Seshadri und R. Vasher (2009). *Toyota's Supply Chain Management: A Strategic Approach to the Principles of Toyota's Renowned System.* McGraw-Hill.

Jackson, P. L., W. L. Maxwell und J. A. Muckstadt (1988, August). Determining Optimal Reorder Intervals in Capacitated Production-Distribution Systems. *Management Science 34*(8), S. 938–958.

Jensen, T. und K. Inderfurth (2008). Lagerbestandsmanagement. In: Arnold, Furmans, Isermann, Kuhn und Tempelmeier (2008), S. 153–167.

Kapuscinski, R. und S. Tayur (1995). A Capacitated Production-Inventory Model with Periodic Demand. Forschungsbericht, CMU, Pittsburgh, PA.

Kapuscinski, R. und S. Tayur (1998). A Capacitated Production-Inventory Model with Periodic Demand. *Operations Research 46*(6), S. 899–911.

Khouja, M. (1999). The single-period (news-vendor) problem: literature review and suggestions for future research. *Omega 27*(5), S. 537–553.

Kiener, S., N. Maier-Scheubeck, R. Obermaier und M. Weiß (2006). *Produktions-Management: Grundlagen der Produktionsplanung und -steuerung* (8. Aufl.). Oldenbourg.

Knabner, P. und L. Angermann (2000). *Numerik partieller Differentialgleichungen: eine anwendungsorientierte Einführung.* Springer.

Krieg, G. N. (2005). *Kanban-Controlled Manufacturing Systems.* Springer.

Kumar, C. S. und R. Panneerselvam (2007). Literature review of JIT-KANBAN system. *International Journal of Advanced Manufacturing Technology 32*(3-4), S. 393–408.

Lee, H. L., V. Padmanabhan und S. Whang (1997a). The bullwhip effect in supply chains. *Sloan Management Review 38*(3), S. 93–102.

Lee, H. L., V. Padmanabhan und S. Whang (1997b, April). Infomation Distortion in a Supply Chain: The Bullwhip Effect. *Management Science 43*(4), S. 546–558.

Liker, J. K. (2004). *The Toyota Way*. McGraw-Hill.

Lippolt, C. (2003). *Spielzeiten in Hochregallagern mit doppeltiefer Lagerung*. Dissertation, Fakultät für Maschinenbau der Universität Karlsruhe (TH).

Lippolt, C. und K. Furmans (2008). Sizing of Heijunka-controlled Production Systems with Unreliable Production Processes. In: T. Koch (Hrsg.), *Lean Business Systems and Beyond*, Band 257, S. 11–19. IFIP International Federation for Information Processing: Springer.

Little, J. D. (1961). A proof for the queueing formula: $L = \lambda \cdot W$. *Operations Research 9*(3), S. 383–387.

Lödding, H. (2005). *Verfahren der Fertigungssteuerung*. Springer.

Mabert, V. A. (2007). The early road to material requirements planning. *Journal of Operations Management 25*, S. 346–356.

Matsumoto, M. und T. Nishimura (1998). Mersenne Twister: A 623-dimensionally equidistributed uniform pseudorandom number generator. *ACM Transactions on Modeling and Computer Simulation (TOMACS) 8*, S. 3–30.

Maxwell, W. L. und J. A. Muckstadt (1985). Establishing Consistent and Realistic Reorder Intervals in Production-Distribution Systems. *Operations Research 33*(6), S. 1316–1341.

Miltenburg, J. (2007). Level schedules for mixed-model JIT production lines: characteristics of the largest instances that can be solved optimally. *International Journal of Production Research 45*(16), S. 3555–3577.

Mitra, D. und I. Mitrani (1991). Analysis of a Kanban Discipline for Cell Coordination and Production Lines, II: Stochastic demands. *Operations Research 35*, S. 807–823.

Moran, P. A. P. (1959). *The Theory of Storage*. Methuen, Wiley.

Ohno, T. (1988). *Toyota Production System: Beyond Large-Scale Production*. Productivity Press.

Ouyang, Y. und C. F. Daganzo (2006a). Characterization of the Bullwhip Effect in Linear, Time-Invariant Supply Chains: Some Formulae and Tests. *Management Science 52*(10), S. 1544–1556.

Ouyang, Y. und C. F. Daganzo (2006b). Counteracting the bullwhip effect with decentralized negotiations and advance demand information. *Physica A 363*, S. 14–23.

Pfohl, H.-C. (2004). *Logistikmanagement* (2. Aufl.). Springer.

Prabhu, N. U. (1965). *Queues and Inventories*. John Wiley.

Prabhu, N. U. (1980). *Stochastic Storage Processes: queues, insurance risk, dams and data communication* (2. Aufl.). Springer.

Rother, M. und J. Shook (2004). *Sehen lernen*. Lean Management Institute.

Roundy, R. (1989). Rounding Off to Powers of Two in Continuous Relaxations of Capacitated Lot Sizing Problems. *Management Science 35*, S. 1433–1442.

Schleyer, M. (2007). *Discrete Time Analysis of Batch Processes in Material Flow Systems.* Dissertation, Fakultät für Maschinenbau der Universität Karlsruhe (TH).

Schmidt, K. D. (2009). *Maß und Wahrscheinlichkeit.* Springer.

Schmidt, M. (2008). Produktionsplanung und -steuerung. In: Arnold, Furmans, Isermann, Kuhn und Tempelmeier (2008), S. 323–343.

Schneider, H., J. A. Buzacott und T. Rücker (2005). *Operative Produktionsplanung und -steuerung: Konzepte und Modelle des Informations- und Materialflusses in komplexen Fertigungssystemen.* Oldenbourg.

Schuh, G. und C. Schmidt (2006). Prozesse. In: G. Schuh (Hrsg.), *Produktionsplanung und-steuerung: Grundlagen, Gestaltung und Konzepte*, S. 108–195. Springer.

Shingo, S. (1989). *A Study of the Toyota Production System from an Industrial Engineering Viewpoint.* Productivity Press.

Simchi-Levi, D., F. Chen, Z. Drezner und J. K. Ryan (1998). The Bullwhip Effect: managerial insights on the impact of forecastion and information on variability in a supply chain. In: S. Tayur, R. Ganeshan, und M. Magazine (Hrsg.), *Quantitative models for supply chain management*, Kapitel 14, S. 417–439. Kluwer Academic.

Slack, N., S. Chambers und R. Johnston (2004). *Operations Management* (4. Aufl.). Financial Times Prentice Hall.

Smalley, A. (2004). *Creating Level Pull: A Lean Production-System Improvement Guide for Production-Control, Operations, and Engineering Professionals.* Lean Enterprise Institute.

Spearman, M. und M. A. Zazanis (1992). Push and Pull production systems: Issues and Comparisons. *Operations Research 40*, S. 521–532.

Stadtler, H. (2008). Hierarchische Systeme der Produktionsplanung und -steuerung. In: Arnold, Furmans, Isermann, Kuhn und Tempelmeier (2008).

Sugimori, Y., F. C. K. Kusunoki und S. Uchikawa (1977). Toyota Production System and Kanban System Materialization of Just-In-Time and Respect-for-Human System. *International Journal of Production Research 15*(6), S. 553–564.

Tayur, S. (1996, December). Recent Developments in single Product, Discrete-time, Capacitated Production-Inventory Systems. Forschungsbericht, Carnegie Mellon University.

Tayur, S. R. (1993). Computing the Optimal Policy for Capacitated Inventory Models. *Communications in Statistics - Stochatic Models 9*, S. 585–598.

Tempelmeier, H. (2006). *Bestandsmanagement in Supply Chains* (2. Aufl.). Books on Demand.

Tran-Gia, P. (2005). *Einführung in die Leistungsbewertung und Verkehrstheorie.* Oldenbourg.

Überhuber, C. W. (1995). *Computer-Numerik*, Band 2. Springer.

Vaughan, T. S. (2007). Cyclical schedules vs. dynamic sequencing: Replenishment dynamics and inventory efficiency. *International Journal of Production Economics 107*, S. 518–527.

Waldmann, K.-H. und U. M. Stocker (2004). *Stochastische Modelle: Eine anwendungsorientierte Einführung.* Springer.

Wang, H. und H.-P. B. Wang (1991). Optimum Number of Kanbans between two Adjacent Workstations in a JIT System. *International Journal of Production Economics 22*, S. 179–188.

Womack, J. P., D. T. Jones und D. Ross (1990). *The Machine that changed the World: The Story of Lean Production.* Harper Collins.

Symbolverzeichnis

Abkürzungen

BWE	Bullwhip-Effekt
CONWIP	Constant Work in Process
EPEI	Every Part Every Interval. Bezogen auf das Gesamtsortiment gibt die Kennzahl an, in welchem Zeitraum alle Produktvarianten mindestens einmal produziert werden. In der Arbeit überwiegend bezogen auf den Produktionsrhythmus eines einzelnen Produkts im Nivellierungsmuster.
ERP	Enterprise Resource Planning
GE	Geldeinheiten
JIT	Just in Time
MAD	Mittlere absolute Abweichung (engl. mean absolute deviation)
MEP	Markovsches Entscheidungsproblem
MRP	Material Requirements Planning
MRP II	Manufacturing Resource Planning
PPS	Produktionsplanung und -steuerung
TPS	Toyota Produktionssystem

Formelzeichen

$\otimes$	Faltungsoperator
$\aleph(x)$	(hebräisch **Aleph**) Vorhergehende Aktion, die im Zustand x codiert ist
$\vec{b}$	Wahrscheinlichkeitsdichtefunktion des Auftragsrückstands am Periodenbeginn
B	Auftragsrückstand am Periodenbeginn, mit Kurznotation B_n für $B = n$ und maximalem Rückstand $B_{\max}$ (wenn der Rückstand begrenzt ist)
b_n	Wahrscheinlichkeit für einen Auftragsrückstand der Menge n
$\vec{C}$	Kumulierte Wahrscheinlichkeitsverteilung der Produktionskapazität, wobei $\vec{C}_i$ verschiedene zur Wahl stehende Produktionskapazitäten symbolisiert
$\vec{c}$	Wahrscheinlichkeitsdichtefunktion der verfügbaren Kapazität im EPEI
C	Produktionskapazität im EPEI gemäß Nivellierungsmuster, mit Kurznotation C_n für $C = n$ und maximaler Ausbringungsmenge $C_{\max}$ im Produktionszeitfenster

c_n	Wahrscheinlichkeit, dass eine Produktionskapazität von n im EPEI verfügbar ist
$\vec{d}$	Wahrscheinlichkeitsdichtefunktion der Nachfrage im EPEI
${}^i d_m^j$	Wahrscheinlichkeit einer Nachfrage von m auf der Supply Chain-Stufe j, wenn sich nach der Produktion ein Bestand von i-Stück im Ausgangspuffer befindet
D	Nachfragemenge in einem EPEI, mit Kurznotation D_n für $D = n$ und der maximalen Nachfrage $D_{\max}$
$d_m^{\tau(x)}$	Wahrscheinlichkeit einer Nachfrage von $D = m$, in der Periode $\tau(x)$ im Saisonzyklus
d_n	Wahrscheinlichkeit, dass eine Nachfrage der Menge n im EPEI auftritt
$\mathbf{E}$	Einheitsmatrix
$\mathbf{e}$	Einheitsvektor
$E(X)$	Erwartungswert der Zufallsvariable X
$\vec{i}$	Wahrscheinlichkeitsdichtefunktion der Bestandsmengen zum EPEI-Beginn
I	Bestand am Periodenbeginn mit Kurznotation I_n für $I = n$ und Maximalbestand $I_{\max} = K$
I^{*S}	Bestand im Ausgangspuffer der Stufe S einer Supply Chain nach der Produktion
I^{dis}	Disponibler Lagerbestand am Periodenbeginn
I^{phy}	Physischer Lagerbestand am Periodenbeginn
i_n	Wahrscheinlichkeit für einen Bestand der Menge n
$\kappa_{\vec{C}_j}$	Kosten für die Bereitstellung der Kapazität, die gemäß $\vec{C}_j$ verteilt ist
K	Anzahl der Kanbankarten im Kreislauf
K^*	Optimale Kanban-Anzahl
K^j	Anzahl der Kanban im vom Kunden aus gesehen j-ten Regelkreis der Supply Chain
$k_{\text{Änder}}$	Kosten, die entstehen, wenn die gewählte Aktion eine Politikveränderung (d. h. Kanban-Anzahl oder Kapazität) bedeutet
k_{Lager}	Lagerhaltungskostensatz in Geldeinheiten je EPEI und je Lagermenge
$k_{\text{Rückstand}}$	Fehlmengenkostensatz in Geldeinheiten je EPEI und je nicht lieferbarem Stück
k_{Sonder}	Kostensatz für Nachfrage, die die Rückstandsgrenze überschreitet und verloren geht oder in einem Sonderprozess abgewickelt werden muss, in Geldeinheiten je Stück
${}^m l_j^i$	Wahrscheinlichkeit, dass die Supply Chain-Stufe $i + 1$ (vom Kunden aus gesehen) der Stufe i Material der Menge j liefern kann, bei einem Materialbedarf von m

$L(K, \vec{C}_j)$	Erwartete kumulierte Kosten für Lagerhaltung, Fehlmengen und Bereitstellung von Produktionskapazität in Abhängigkeit von der Kanban-Anzahl K und der bereitgestellten Kapazität $\vec{C}_j$
$L^i(t)$	Materialmenge, die die Stufe $i + 1$ zum Zeitpunkt t der Stufe i liefern kann
$P(A \cap B)$	Wahrscheinlichkeit für das gemeinsame Auftreten der Ereignisse A und B
$P(A \mid B)$	Bedingte Wahrscheinlichkeit für das Eintreten des Ereignisses A, bei vorherigem Ereignis B
p_{ij}	Übergangswahrscheinlichkeit vom Zustand i in den Zustand j
Pr	Produktionsmenge je EPEI
pr_n	Wahrscheinlichkeit einer Produktionsmenge von n
SCV(X)	Variabilität („Squared Coefficient of Variation") der Zufallsvariable X
$\tau(x)$	Periode (EPEI-Nummer) im Saisonzyklus, die im Zustand x codiert ist
$Var(X)$	Varianz der Zufallsvariable X
$\omega(n \mid j)$	Bedingte Wahrscheinlichkeit einer Kundenwartezeit von n EPEIs, wenn sich das System nach der Produktion in einem Zustand $Z^* = j$ befindet
W	Kundenwartezeit gemessen in EPEI-Zyklen
w_n	Wahrscheinlichkeit einer Kundenwartezeit von n EPEI-Zyklen
$\vec{x}$	Wahrscheinlichkeitsdichtefunktion der Arbeitsbilanz oder einer allgemeinen Zufallsvariablen
x_n	Wahrscheinlichkeit für die Realisation einer Arbeitsbilanz oder einer allgemeinen Zufallszahl von n (die Arbeitsbilanz kann positiv oder negativ sein)
X	Bilanz aus Produktionskapazität und Nachfrage in einem Zeitintervall oder allgemeine Zufallsvariable
$\vec{z}$	Wahrscheinlichkeitsdichtefunktion des Bestandsdefizits
Z	Bestandsdefizit („Shortfall") gegenüber dem vollen Lager mit Kurznotation Z_n für $Z = n$
Z^*	Defizit mitten im EPEI-Zyklus, direkt nach der Produktion, aber noch vor der Erfüllung der aktuellen Nachfrage
Z^j	Defizit auf der vom Kunden aus gesehen j-ten Stufe der Supply Chain
$z_i^{*S=j}$	Wahrscheinlichkeit für ein Defizit von i zur Periodenmitte (nach der Produktion) auf der j-ten Supply Chain-Stufe
z_i^j	Wahrscheinlichkeit für ein Defizit von i am EPEI-Beginn auf der j-ten Supply Chain-Stufe

129